ZEIT WERT GEBEN
Ein Inspirationsbuch mit 40 guten Gedanken

Herausgeber
dm-drogerie markt

www.zeit-wert-geben.de

Jede Zeitspanne scheint umso kürzer, je glücklicher man ist.

Plinius, der Jüngere

Vorwort

dm ist vierzig geworden. Die Zeit ist wie im Nu verflogen und nun liegen vier vorwiegend glückliche Jahrzehnte hinter uns. Wenn wir auf sie zurückschauen und das Vergangene Revue passieren lassen, stellen wir mit Freude fest, dass sehr vieles geglückt ist. Dass es geglückt ist, verdanken wir in erster Linie unseren Mitarbeitern, unseren Kunden und unseren Partnern. Es waren ihr Engagement, ihre Treue, ihre Kritik und ihre Anregungen, die wesentlich dazu beigetragen haben, dass wir uns immer weiterentwickelt haben. Dafür sind wir dankbar.

Auch in Zukunft wird die Vermarktung von Drogeriewaren für dm nur das Mittel zum Zweck sein. Denn der Zweck unseres unternehmerischen Handelns ist die Bildung von Rahmenbedingungen, die eine positive Entwicklung in und mit unserer Arbeitsgemeinschaft möglich machen. Wir schaffen Freiräume für eigenverantwortliche Entscheidungen, die es den Menschen in der Gemeinschaft erlauben, Unternehmer ihrer eigenen Potenziale zu sein.

Inspiriert haben uns immer auch die Gedanken unterschiedlicher Menschen aus unterschiedlichen Zeiten. Anlässlich unseres Jubiläums haben wir uns deshalb auf die Suche nach weiteren kostbaren Inspirationen gemacht, aber auch manche bewährte Weisheit zur erneuten Betrachtung aufgenommen. Gute Gedanken bilden das Herzstück dieses Buches. Sie zeigen, dass in Bezug auf den Menschen das Wesentliche gleich geblieben ist, obwohl sich im Laufe der Jahrtausende unendlich viel geändert hat: Unverändert prägt uns das Streben nach Glück, der Wunsch nach Geborgenheit, Verbundenheit und die Sehnsucht, zur Freiheit zu wachsen.

Mit diesen guten Gedanken danken wir all denjenigen, die zum Gelingen von vier Jahrzehnten dm beigetragen haben. Wir geben diese Inspirationen weiter als Dank für die Inspirationen, die uns geschenkt wurden. Das Buch will nicht belehren, sondern anstiften zum Weiterdenken und Weitermachen. Deswegen sind viele Seiten dieses Ideenskizzenbuches unbeschrieben; was dieses Buch also auch schenkt, ist Freiraum für eigene Gedanken. Freiraum, der dazu ermuntert, der eigenen Zeit noch mehr Wert zu geben und die gewünschten Wirklichkeiten selbst zu kreieren.

Erich Harsch
Vorsitzender der Geschäftsführung
von dm-drogerie markt

Prof. Götz W. Werner
Gründer und Aufsichtsrat
von dm-drogerie markt

Hallo

Ich bin die rote Linie, die Dich von Anfang bis Ende durch das Buch begleitet. Ich symbolisiere Deinen Pulsschlag, Deine Zeit.
Ich spreche hier und da zu Dir und führe Dich durch 40 Gedanken, 40 Impulse und 40 Inspirationen. Ich stifte Dich zum Weiterdenken an. Folge mir in Deinem eigenen Tempo, ergänze mich, beschrifte mich, denn ich bin Deine Zeit und dieses Buch ist Dein Buch.

01 Glück S. 20
02 Staunen S. 26
03 Achtsamkeit S. 34
04 Geist S. 40
05 Demut S. 46
06 Lernen S. 52
07 Liebe S. 58
08 Handeln S. 64
09 Balance S. 70
10 Pflege S. 76
11 Zeit S. 80
12 Konzentration S. 90
13 Idee S. 98
14 Mut S. 104
15 Entschuldigung S. 108
16 Spiel S. 114
17 Vertrauen S. 120
18 Kooperation S. 124
19 Werden S. 130
20 Reifen S. 136
21 Experiment S. 140
22 Potenzialentfaltung S. 146
23 Genuss S. 152
24 Sinn S. 156
25 Wille S. 162
26 Künstler S. 168
27 Vernunft S. 172
28 Menschlichkeit S. 178
29 Lebenskunst S. 184
30 Verantwortung S. 188
31 Individualität S. 194
32 Traum S. 200
33 Zukunft S. 204
34 Fortschritt S. 208
35 Ökologie S. 214
36 Finden S. 218
37 Wachsamkeit S. 228
38 Verbundenheit S. 232
39 Sehnsucht S. 236
40 Denken S. 242

Schau mal nach links. Da sind sie. Alle Themen, um die es in diesem Buch geht.

Antike – Weisheiten
bis 500 n. Chr.

S. 20–57

Die Antike ist das Urbild moderner Gesellschaften.

Eine Epoche der Anfänge:
In Griechenland entstehen Philosophie, Geometrie und Geschichtsschreibung, Kunst und Logik. Der Weisheit der Griechen verdankt die heutige Welt das Wissen und den Geist der Freiheit; im Römischen Reich entstehen Verwaltung und Politik, Technik und eine verkehrstechnische Vernetzung des gesamten Mittelmeerraumes und großer Teile Europas nördlich der Alpen. Auf das Genie der Römer geht die heutige Welt der Verwaltung und der Technik zurück. Die antiken Adelsgesellschaften entwickeln sich zu Demokratie und Republik, worin die Menschen die Geschicke ihrer Welt selbst in die Hand nehmen.

01 Glück

Marc Aurel 121–180, römischer Kaiser und Philosoph

02 Staunen

Platon 427–347 v. Chr., Philosoph der Antike

03 Achtsamkeit

Sokrates 469 v. Chr.–399 v. Chr., griechischer Philosoph

04 Geist

Euripides 480 v. Chr.–406 v. Chr., Dramatiker der griechischen Klassik, Verfasser griechischer Tragödien wie Medea

05 Demut

Sokrates 469 v. Chr.–399 v. Chr., griechischer Philosoph

06 Lernen

Seneca 1 v. Chr.–65 n. Chr., römischer Philosoph, Dramatiker, Naturforscher, Staatsmann und Stoiker, einer der meistgelesenen Schriftsteller seiner Zeit

Mittelalter – Wahre Schätze
500–1450

S. 58–75

Das Mittelalter ist die Abkehr von der Antike.

Eine Epoche des Glaubens: Die Tugenden sind Gehorsam und Askese, Fleiß und Demut. Die Menschen widersetzen sich dem Materialismus, dem Eigensinn und der Oberflächlichkeit, die das Römische Reich ausgebildet hat, entwickeln eine Gesinnung der Innerlichkeit und gründen die neue Religion des Christentums. Das Mittelalter hält den Menschen zeitlebens in dem sozialen Stand, in den er hineingeboren wird. Anstelle von Demokratie und Republik entstehen Reiche mit König, Kaiser und Papst, indem Mönche das antike Wissen bewahren und Bauern den gesellschaftlichen Reichtum erwirtschaften.

07 Liebe

Thomas von Aquin 1225–1274, italienischer Theologe und Philosoph, Hauptvertreter der Scholastik (wissenschaftliche Denkweise und Methode der Beweisführung)

08 Handeln

Dante Alighieri 1265–1321, italienischer Dichter und Philosoph, Verfasser der „Göttlichen Komödie“

09 Balance

Hildegard von Bingen 1098–1179, Benediktinerin, erste Vertreterin der deutschen Mystik des Mittelalters. Ihre Werke befassen sich mit Religion, Medizin, Musik, Ethik und Kosmologie.

Renaissance – Klare Anweisungen
1450–1650

S. 76–97

Die Renaissance ist die Hinwendung zur Antike.

Eine Zeit der Rückbesinnung, da Werte und Ideen der Antike wiedergeboren (re-nassiare) werden. Der Mensch kann nun aus seinem sozialen Stand heraustreten. Er wird in seiner Individualität wahrgenommen und seine Würde gründet in seinem schöpferischen Potenzial. Es sind Handel, Handwerk und Technik, die das Bürgertum neben Adel und Klerus zur dritten politischen Macht erheben. Nicht länger gilt Christus als Mittelpunkt der Welt, sondern der einzelne Mensch, das autonome Individuum mit seiner Erfahrung und Vernunft, mit Sinn für Schönheit und seiner Suche nach Würde und Verantwortung.

10 Pflege

Teresa von Avila 1515–1582, Mystikerin, Heilige und katholische Kirchenlehrerin, Schutzpatronin von Spanien

Aufklärung – Revolutionäre Ideale
1650–1820

S. 98–139

Die Aufklärung ist die Legitimation der Ideale der Renaissance.

Die Berufung auf die Vernunft als universelle Urteilsinstanz legitimiert die Ideen und Theorien zur Rechtfertigung der politischen Macht von Individuum und bürgerlicher Gesellschaft. Darin lag bereits der Humanismus der Renaissance. Die Aufklärer gehen nun davon aus, dass die Individuen vernünftig sind und die Möglichkeit haben, eine rational geordnete Gesellschaft schaffen zu können. Aufklärung ist die Vorstellung, Religion, Mythos und Aberglaube durch die Vernunft zu ersetzen, um Technik und Industrie, Bürgerlichkeit und Verantwortung zu stärken.

11 Zeit *William Shakespeare* 1564–1616, Dramatiker, Lyriker und Schauspieler

12 Konzentration *Michel de Montaigne* 1533–1592, Politiker, Philosoph, Begründer der Essayistik

13 Idee *Victor Hugo* 1802–1885, französischer Dichter und Schriftsteller

14 Mut *Immanuel Kant* 1724–1804, deutschsprachiger Philosoph der Aufklärung mit Werken über Ethik, Ästhetik, Religions-, Rechts- und Geschichtsphilosophie, Astronomie und Geowissenschaften

15 Entschuldigung *Georg Christoph Lichtenberg* 1742–1799, Mathematiker, erster deutscher Professor für Experimentalphysik, Schriftsteller

16 Spiel *Friedrich Schiller* 1759–1805, deutscher Dichter, Philosoph und Historiker

17 Vertrauen *Matthias Claudius* 1740–1815, deutscher Dichter, Lyriker und Journalist

18 Kooperation *Johann Wolfgang von Goethe* 1749–1832, deutscher Dichter, Naturwissenschaftler und Politiker

33 Zukunft *Hélder Câmara* 1909–1999, brasilianischer Erzbischof, Befreiungstheologe und

S. 232–247

Die globale Gegenwart ist die Vollendung der Antike.

Renaissance, Aufklärung und Industrie haben zu einem enormen Wissen und Können beigetragen, dabei aber die Natur zu einer dinghaften Welt herabgesetzt. Das Leben ist geprägt von Kapitalismus, Technik und rationaler Lebensführung. Negative Phänomene sind Überbevölkerung, Krieg, Armut, Umweltzerstörung und Ohnmacht der Individuen; das positive Kennzeichen ist das Zusammenwachsen der Menschheit zu einer globalen Gemeinschaft – der einzelne Mensch will und muss endlich mündig werden. Gemeinschaften lernen nach und nach, verantwortungsvoll mit Natur und Kultur, Mensch und Umwelt umzugehen.

34 Fortschritt
Kurt Marti * 1921, Schweizer Pfarrer und Schriftsteller

35 Ökologie
Albert Schweitzer 1875–1965, Friedensnobelpreisträger, Arzt, evangelischer Theologe, Organist, Philosoph und Pazifist

36 Finden
Rudolf Steiner 1861–1925, Esoteriker und Philosoph, Begründer der Anthroposophie

37 Wachsamkeit
Joseph Brodsky 1940–1996, russisch-US-amerikanischer Dichter und Nobelpreisträger für Literatur

38 Verbundenheit
Dalai Lama (14.) (Tendzin Gyatsho) * 1935, ehem. Oberhaupt der tibetischen Regierung, geistiges Oberhaupt, Friedensnobelpreisträger

39 Sehnsucht
Gerald Hüther * 1951, deutscher Neurobiologe, Hirnforscher und Autor

40 Denken
Hajo Eickhoff * 1946, deutscher Autor, Philosoph, Kulturwissenschaftler

Jeder gute Gedanke zählt. Beginne jetzt!

▸ 01 Glück
02 Staunen
03 Achtsamkeit
04 Geist
05 Demut
06 Lernen
07
08
09
10
11
12
13
14
15
16
17
18
19
20
21
22
23
24
25
26
27
28
29
30
31
32
33
34
35
36
37
38
39
40

Das Glück
deines Lebens
hängt von
der Beschaffenheit
deiner Gedanken ab.

Inspiration

Glück

Eigentlich glauben wir ja immer, das Glück müsse zu uns kommen. Wenn wir nur lange genug warten oder die richtigen Leute treffen. Oder wenn wir die richtigen Kreuze auf dem Lottoschein machen. Und jetzt kommt einer und behauptet: „Stimmt gar nicht; du bist selbst für dein Glück zuständig." Es kommt nur darauf an, richtig zu denken. Aber was soll das heißen: „Richtig denken"? – Keine Fehler machen, vernünftig sein, immer korrekt und logisch? – Nein, darum geht es nicht. Es geht darum, wie wir uns zur Welt verhalten: Ob wir alles mit trüben Augen sehen und per se ablehnen – oder ob wir dauernd durch die rosa Brille gucken und alles super finden. Beides bekommt uns nicht. Wenn wir alles schlechtreden, gibt es nichts mehr, was uns fröhlich und dankbar macht. Wenn wir alles schönreden, finden wir nichts mehr, was uns motivieren könnte, uns und die Welt zu verändern. So oder so bringen wir uns damit um die Chance auf Glück. Weil unsere Wertungen uns daran hindern, das wirkliche Leben wahrzunehmen. Der Mann, der diese Einsichten formulierte, hieß übrigens Marc Aurel und war römischer Kaiser. Er wusste, wovon er sprach; wusste, dass wir nur glücklich werden, wo wir die Welt vorurteilsfrei und mit wachen Augen sehen; wo wir die Dinge und die Menschen so wahrnehmen, wie sie sind.

Inspiration

Glück

Wie der Mensch angestammte Bereiche überschreitet, so entlassen die Prager Fotografin Radka Leitmeritz (*1974) und der Kölner Fotograf René Hallen (*1973) – das Künstlerduo René & Radka – den Fisch aus seinem Element. Die Fotoserie „Colors of the Wind" ist eine inszenierte Fantasiewelt, die, leicht und verspielt, auch irritiert. Der Fisch ist das erste Wirbeltier. Es verlässt das Wasser und leitet die Evolution hin zum Menschen ein. Es kriecht, stellt sich auf vier, dann auf zwei Beine. Hier verlässt der Fisch zum zweiten Mal das Wasser, um zu fliegen.

Colors of the Wind Titel
René & Radka Künstler
2011 Jahr

Was wirst Du tun, um glücklich zu sein? Schmiede Dein Glück bewusst an jedem Tag von Montag bis Sonntag.

Mo

Di

Mi

Do

Fr

Sa

So

Glücksmomente

Bringe einen Deiner Glücksmomente auf diese Seite.

01 Glück
▸ 02 Staunen
03 Achtsamkeit
04 Geist
05 Demut
06 Lernen
07 Liebe
08
09
10
11
12
13
14
15
16
17
18
19
20
21
22
23
24
25
26
27
28
29
30
31
32
33
34
35
36
37
38
39
40

Das Staunen ist der Anfang der Erkenntnis.

Inspiration

Staunen

Bei Kindern kann man es noch sehen: Das Kinn klappt runter, die Augen werden größer und der Mund formt sich zu einem Boooh! So sieht das Staunen aus. Man sieht etwas Neues, das man nicht versteht, das einen aber fasziniert, gerade weil man es nicht versteht. Da ist etwas Unerwartetes, vielleicht auch Unheimliches, auf das man sich zunächst keinen Reim machen kann – das einem aber die unausgesprochene Verheißung zuflüstert, es werde möglich sein, den Reim zu finden. Was uns erstaunt, das zieht uns an. Ein wunderbarer Sog geht davon aus. Wir ruhen nicht eher, als dass sich das Geheimnis lüftet. So geschieht Lernen. Deshalb sagte der griechische Philosoph Platon (427–347 v. Chr.), das Staunen sei der Anfang der Erkenntnis. Zu Recht: Wie haben die Pioniere der Quantenphysik doch gestaunt, als sie im subatomaren Bereich Ereignisse beobachteten, für die sie keine Erklärung hatten – ja, die ihr ganzes Denken durcheinanderrüttelten, wachrüttelten. Denn jetzt wollten sie es wissen und ließen sich auf das Befremdliche ein. Am Ende entstand so ein neues Weltbild. Sie hätten auch sagen können: „Was geht mich das an?" Aber dann hätten sie nicht gestaunt. Denn wer staunt, ahnt, dass es ihn etwas angeht, dass er etwas damit anfangen kann, dass er Neues anfangen kann.

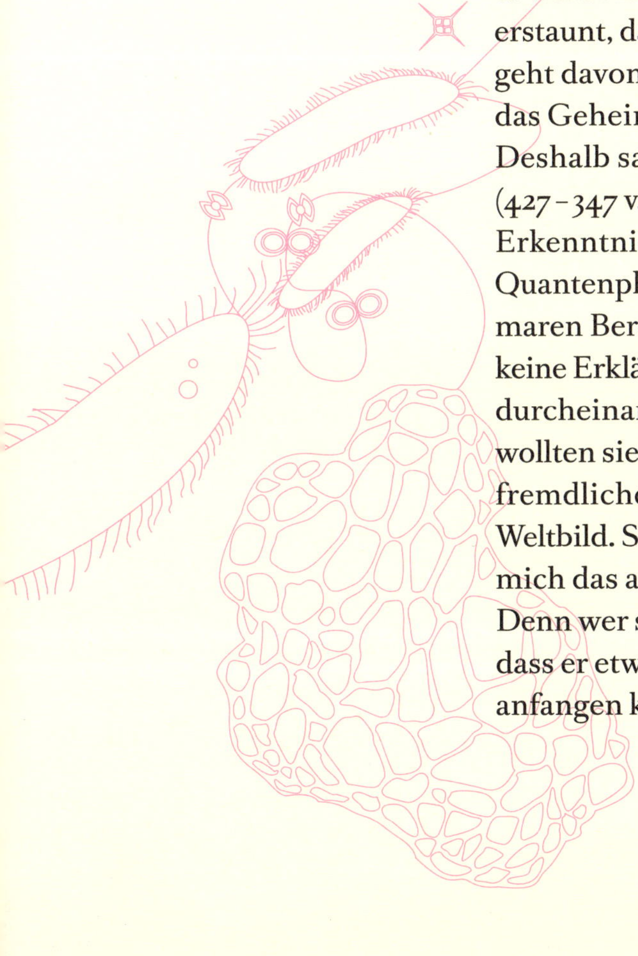

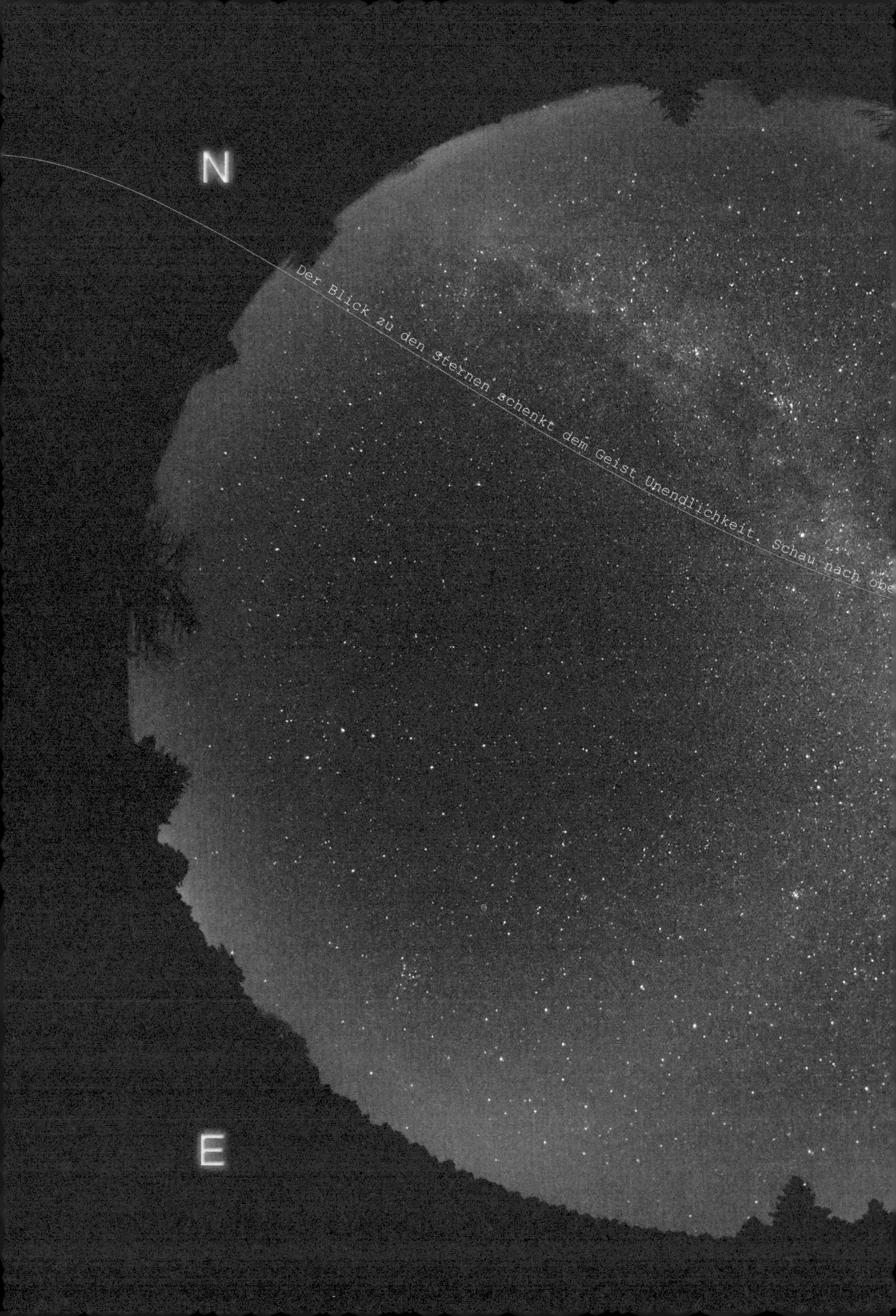
N
Der Blick zu den Sternen schenkt dem Geist Unendlichkeit. Schau nach obe
E

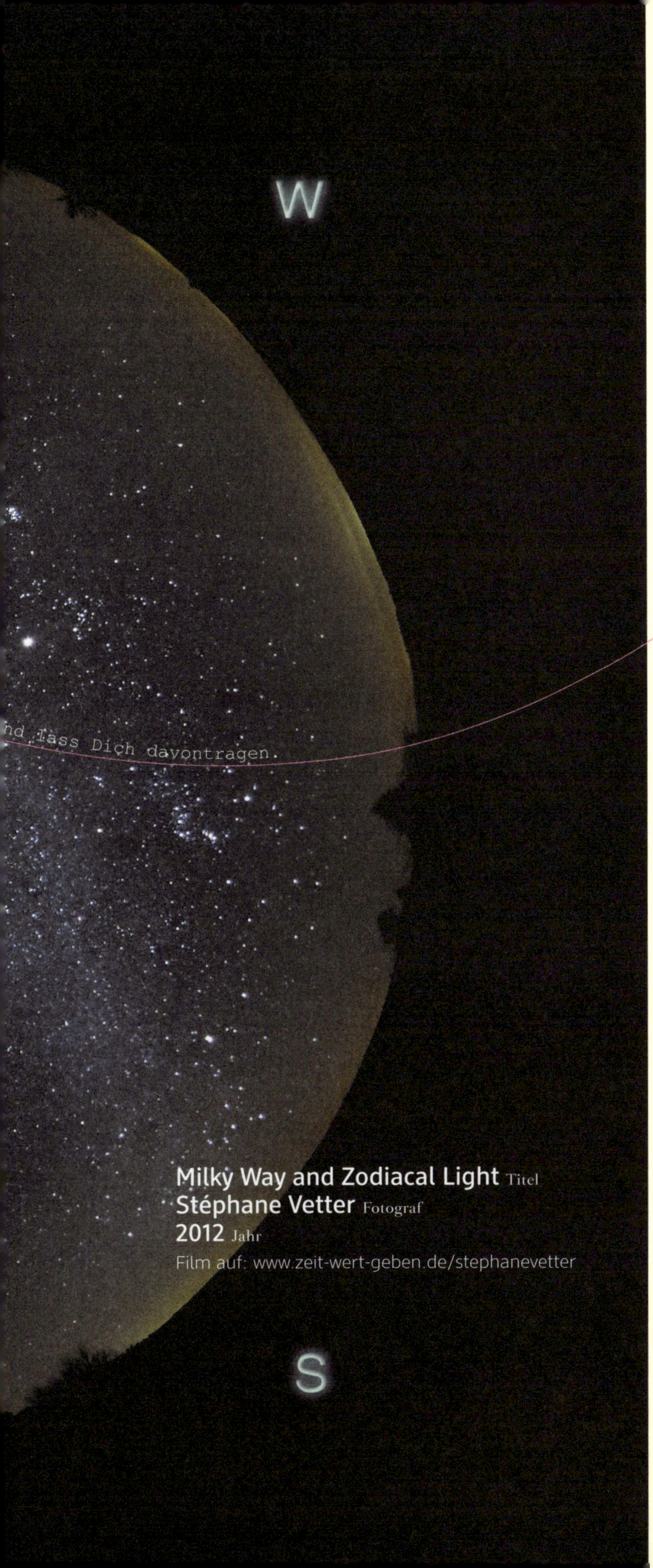

nd lass Dich davontragen.

Milky Way and Zodiacal Light Titel
Stéphane Vetter Fotograf
2012 Jahr
Film auf: www.zeit-wert-geben.de/stephanevetter

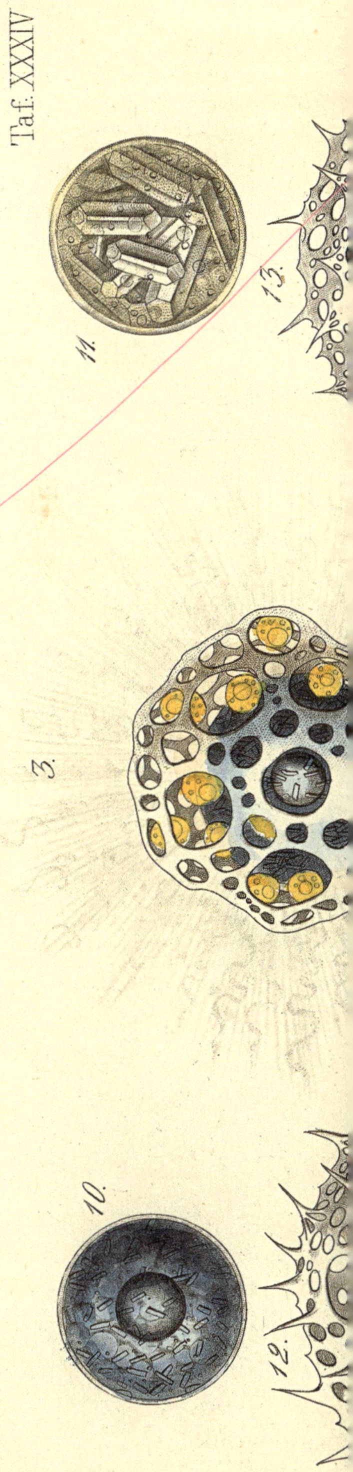

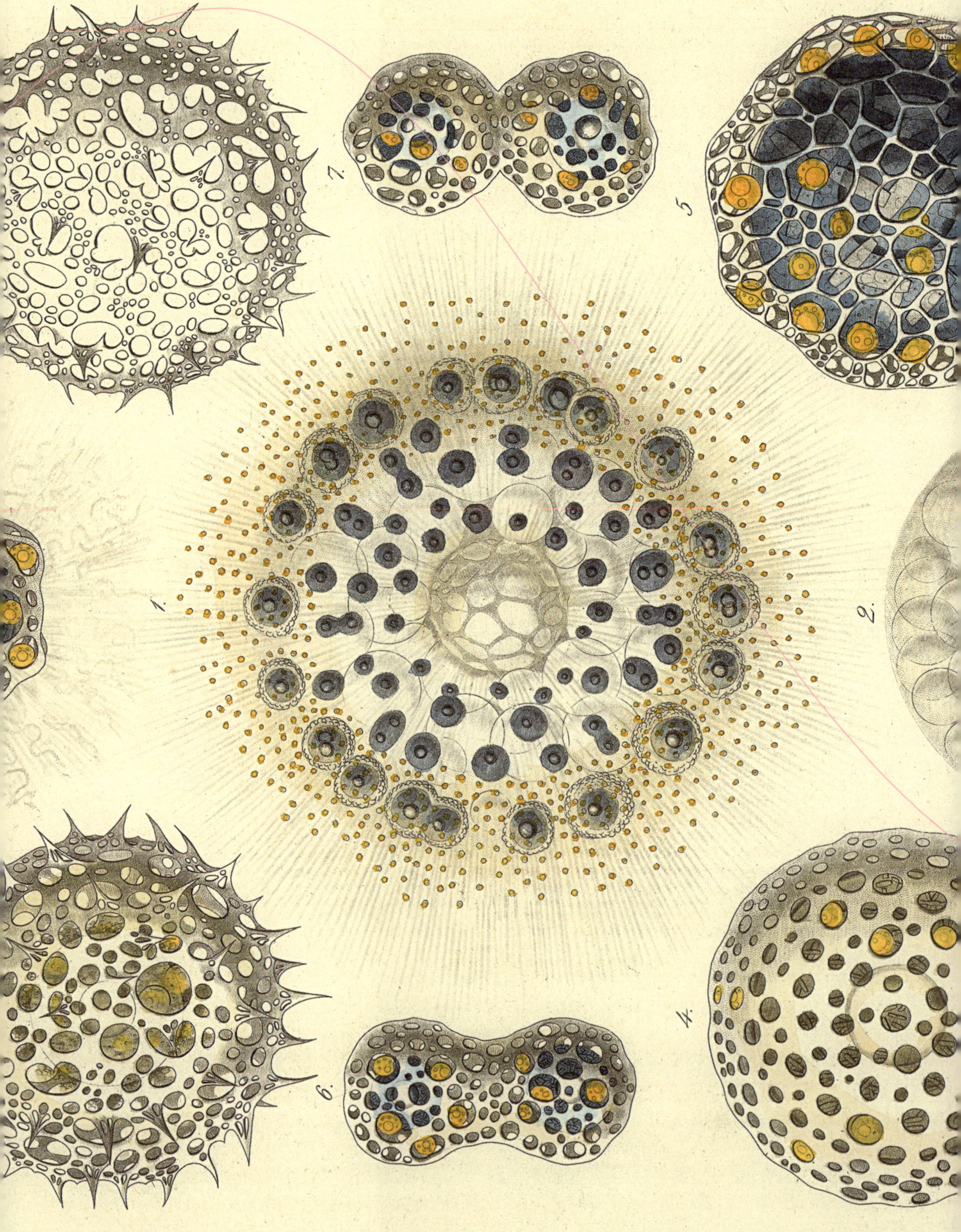

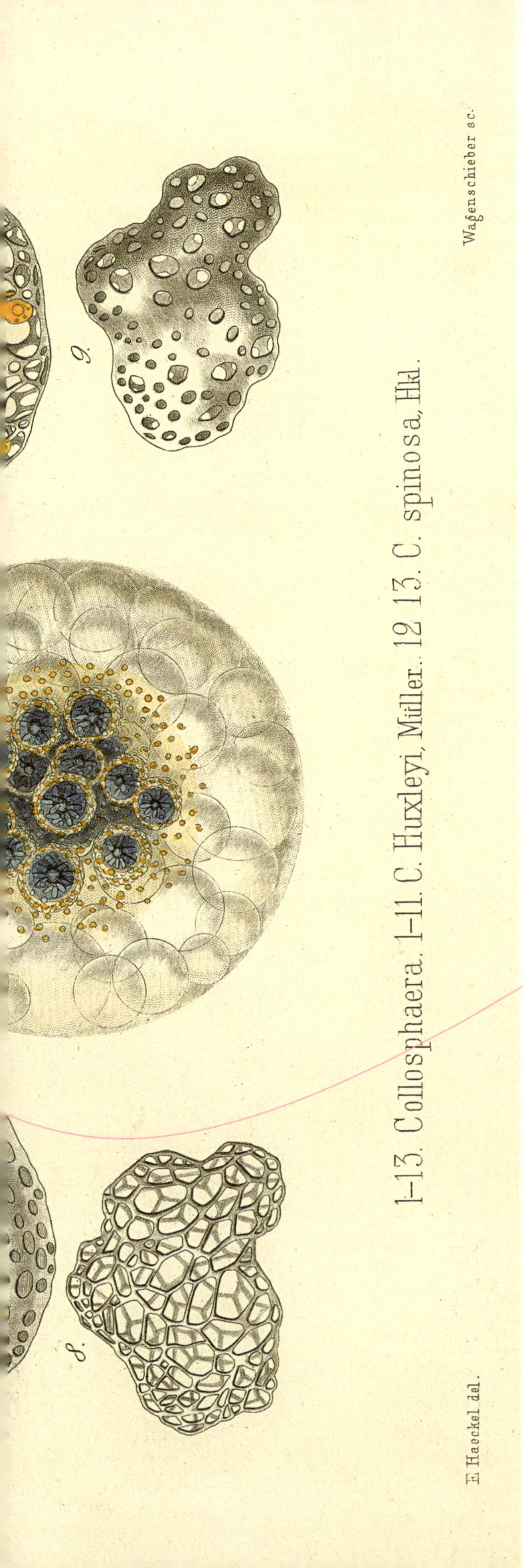

Inspiration

Staunen

Strahlentierchen haben die Größe vom Bruchteil eines Millimeters. Der Zoologe und brillante Zeichner Ernst Haeckel (1834–1919) hat sein grundlegendes Werk „Generelle Morphologie“ von 1866 mit eigenen Illustrationen versehen, die eine faszinierende Schönheit und Vielfalt der Welt im Kleinen zeigen. Der Blick durch ein Weitwinkelobjektiv von Stéphane Vetter zeigt die unendliche Weite des Universums. Das Kleine und das Große der Natur sind faszinierend, schön und rätselhaft.

Kunstformen aus dem Meer,
Tafel XXXIV Titel
Ernst Haeckel Zoologe, Philosoph, Freidenker
1862 Jahr

01 Glück
02 Staunen
▸ 03 Achtsamkeit
04 Geist
05 Demut
06 Lernen
07 Liebe
08 Handeln
09
10
11
12
13
14
15
16
17
18
19
20
21
22
23
24
25
26
27
28
29
30
31
32
33
34
35
36
37
38
39
40

Impuls

Achtsamkeit

Die Legende sagt, der alte Sokrates habe die Geschichte von den drei Sieben als Erster erzählt. Ob das stimmt, weiß kein Mensch, aber passen würde es schon, galt er doch zu Lebzeiten (479–399 v. Chr.) als der weiseste aller Menschen. Und weise ist es wohl wirklich, achtsam durchs Leben zu gehen: achtsam darauf, was man sagt, womit man sich beschäftigt, worauf man seine Energie verwendet. Denn seien wir ehrlich: Wie oft schwätzen wir unbedacht einfach drauf los! Wie oft verletzen wir dabei gedankenlos andere! Wie viele Lügen setzen wir in die Welt, die wir später nicht mehr eingefangen bekommen! Nicht nur irgendwelche korrupten Politiker machen das – nein, das machen wir alle. Aber wie viel Ärger und Stress schaffen wir uns dadurch? Müsste aber gar nicht sein, sagt da der weise Mann. Ginge auch anders – wenn wir uns nur die Mühe machten, ein bisschen aufmerksamer mit uns umzugehen: Stimmt das auch, was ich sage? Kann ich dafür geradestehen oder muss ich später zurückrudern und alles zurücknehmen? Aber auch: Braucht die Welt das, was ich sage? Tue ich irgendjemandem damit Gutes? Oder geht's mir nur darum, meinen Frust loszuwerden und andere in die Pfanne zu hauen? In diesem Fall gilt: Einfach mal die Klappe halten. Unachtsame Worte können großes Unheil anrichten. Dann ist es besser zu schweigen.

„rosa damascena – 108 pfund rosenblüten"
Zisterzienserkloster Bebenhausen, Baden-Württemberg, herman de vries, 2003

Bevor du den Mund auftust,
solltest du deine Gedanken
erst durch drei Siebe geben:
erstens das Sieb der Wahrheit,
zweitens das Sieb der Gute,
drittens das Sieb des Nutzens.

Inspiration

Achtsamkeit

Der niederländische Künstler herman de vries (*1931) verhilft der Natur zur Sprache. Er sammelt Fundstücke wie Pflanzen, Steine, Holz und Erden, ordnet sie zu einfachen geometrischen Formen und zeigt sie in Galerien und Museen. In 108 Pfund Lavendelblumen oder in 108 Pfund Rosenblüten macht er die Menschen achtsam für die Natur, die er als stoffliche, geistige und ästhetische Lebensgrundlage des Menschen auffasst. Den achtsamen Umgang mit der Natur nennt er Naturschutz.

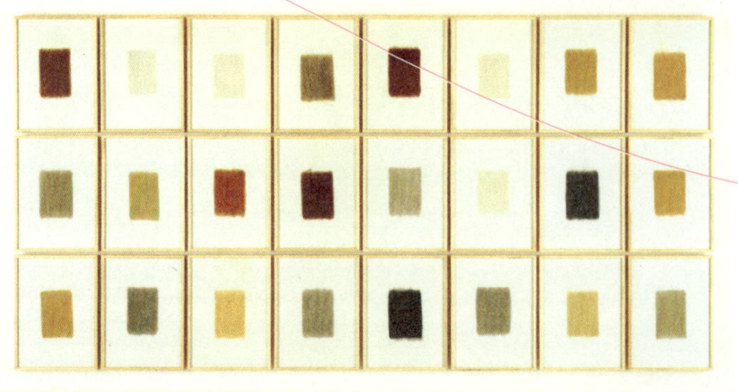

„aschen vom eschenauer sonnwendfeuer", herman de vries, 2001

An der Wand gerahmt: „6 × phalaris arundinacea / glanzrohrgras“, herman de vries, 1985

108 livres de fleurs de lavande / 108 pfund lavendelblumen
royal botanic garden, edinburgh Titel
herman de vries Künstler
1992 Jahr

Du hast ein Gespräch geführt, nun bist Du allein. Erlebe dieses Gespräch noch einmal - aus der Sicht des anderen.

Auf den Geist
muss man schauen.
Denn was nützt
ein schöner Körper,
wenn in ihm
nicht eine schöne
Seele wohnt.

Inspiration
Geist

Geist und Bewusstsein Titel
Robert Fludd Philosoph, Theosoph, Mediziner
1617 Jahr

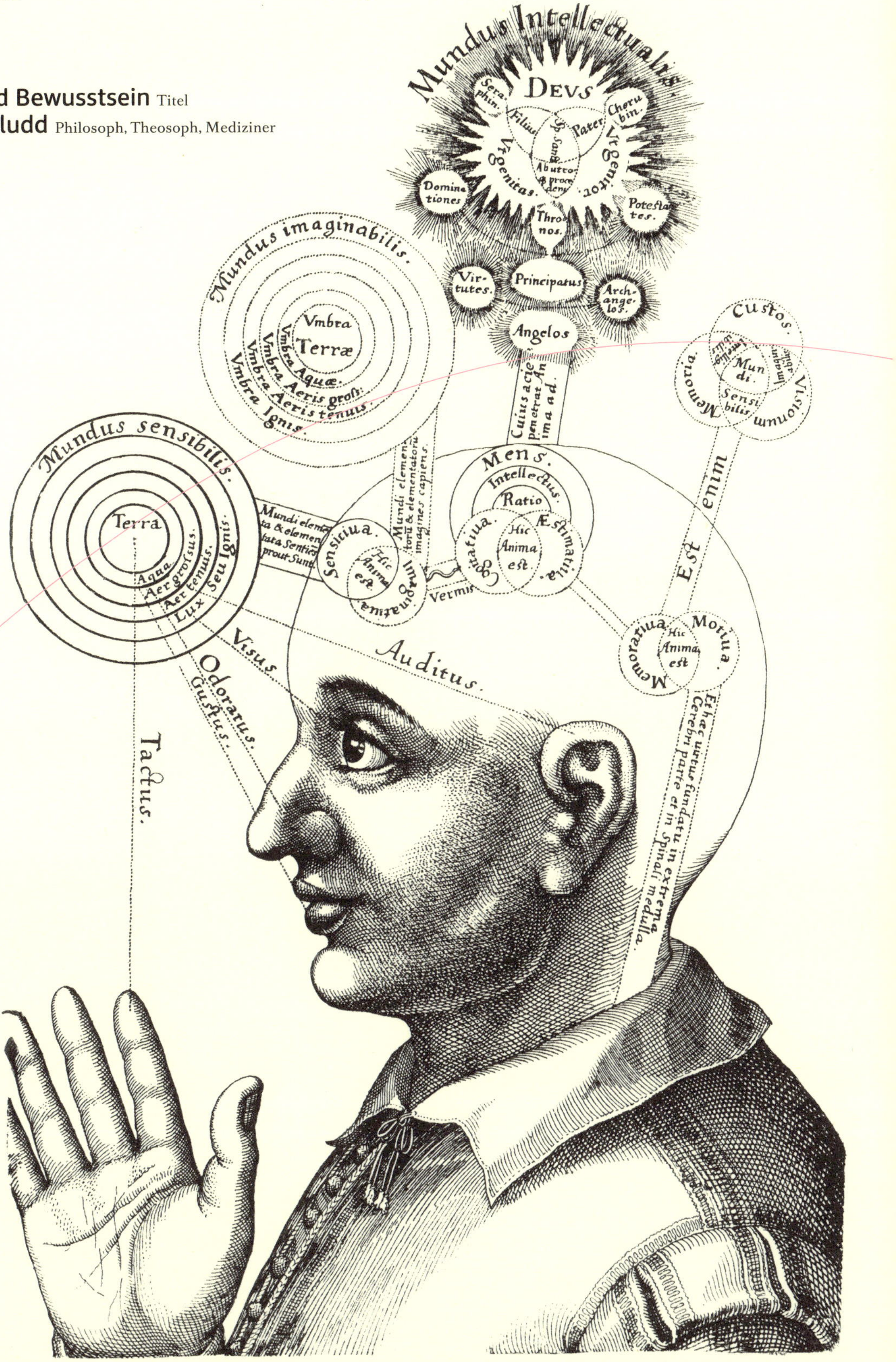

In Dir wohnt Schönheit. Mache einen langen Spaziergang in der Natur und werde Dir dessen bewusst.

Impuls

Geist

Es gibt Menschen, von denen sagt man, sie seien „schöngeistig“. Das klingt zunächst ganz freundlich, ist es aber nicht. Denn das Schöngeistige gilt in unserer Welt als das Nutzlose, Überflüssige – das, wofür man sich vielleicht mal in den Ferien Zeit nimmt. Oder nach Feierabend. Die alten Griechen sahen das anders. Die legten großen Wert auf Schönheit – auf körperliche Schönheit –, aber auch und vor allem – auf die Schönheit der Seele. Doch was meinten sie damit? Für die Griechen ist eine schöne Seele eine stimmige Seele, eine harmonische Seele. Ganz so, wie auch der Körper nur dann als schön galt, wenn er in sich ausgewogen und wohlproportioniert war. Schönheit der Seele bedeutete dementsprechend: mit sich selbst im Einklang sein, das eigene Leben wie eine schöne Melodie gestalten – eine Melodie, in der es dunkle und hohe Töne gibt, schnelle und langsame Passagen; bei der aber doch alles so ineinanderspielt, dass etwas Stimmiges dabei herauskommt. Der innere Dirigent, der diese Symphonie der Seele aufführt, hieß bei den Griechen Geist. Achtsam und liebevoll soll er den Chor der Seele ordnen, sodass wir uns bejahen können. Denn wenn wir uns selbst nicht mögen – das war auch schon bei den Griechen so –, nutzt es uns gar nichts, wenn wir gut aussehen. Dann fühlen wir uns unansehnlich.

Ich weiß,

Impuls

Demut

Eine alte Geschichte erzählt, einst habe das berühmte Orakel von Delphi verkündet, der weiseste aller Menschen sei ein gewisser Sokrates aus Athen. Als dieser davon Nachricht erhielt, habe er sich sehr gewundert und behauptet, das Orakel müsse sich geirrt haben, denn er sei sich vollkommen darüber im Klaren, dass er eigentlich von nichts eine Ahnung habe. Er sei nun mal kein Experte – weder in politischen noch in technischen Fragen. Und ein Wirtschaftsweiser sei er schon mal gar nicht. Wie könne es dann sein, dass ausgerechnet er der weiseste aller Menschen sein solle? Vielleicht deshalb, so die Antwort, die er sich letztlich gab, weil das ganze großartige Wissen der Experten eigentlich gar nicht so wichtig ist. Weil es am Ende nicht darauf ankommt, sich in allen möglichen Bereichen auszukennen, sondern dass es viel wichtiger ist, mit all seinem Wissen auf eine gute Weise umzugehen. Entscheidend, so meinte Sokrates, ist nicht, sich mit seinem Wissen brüsten zu können, sondern sich mit seinem Wissen in den Dienst des Guten zu stellen, um seinen Mitmenschen und der Gesellschaft zu dienen. Vom Wort „dienen" leitet sich das Wort Demut her und so ist es eine demütige Haltung, die den Weisen auszeichnet. Er weiß: Nicht er ist wichtig, sondern wichtig ist, dass die Wahrheit zu Wort kommt und das Gute getan wird.

dass ich

nichts weiß.

Stille Berge, Bristen Titel
Michael Schnabel Künstler
2003 Jahr

Inspiration

Demut

Der Bristen im Schweizer Kanton Uri, Teil der Glarner Alpen, wird durch wenig Licht zu einem stillen, schweigsamen Berg, der isoliert, für sich steht und, kaum sichtbar, monumental wirkt. Das Erstaunliche ist, dass in der extremen Reduktion des Lichtes das Wesentliche der Bergkette sichtbar wird. Der Fotograf Michael Schnabel (*1966) – mit dieser Darstellungsart 2003 international bekannt geworden – vermag mit seinen Landschaftsbildern, im Betrachter die Ausbildung innerer Landschaften anzuregen.

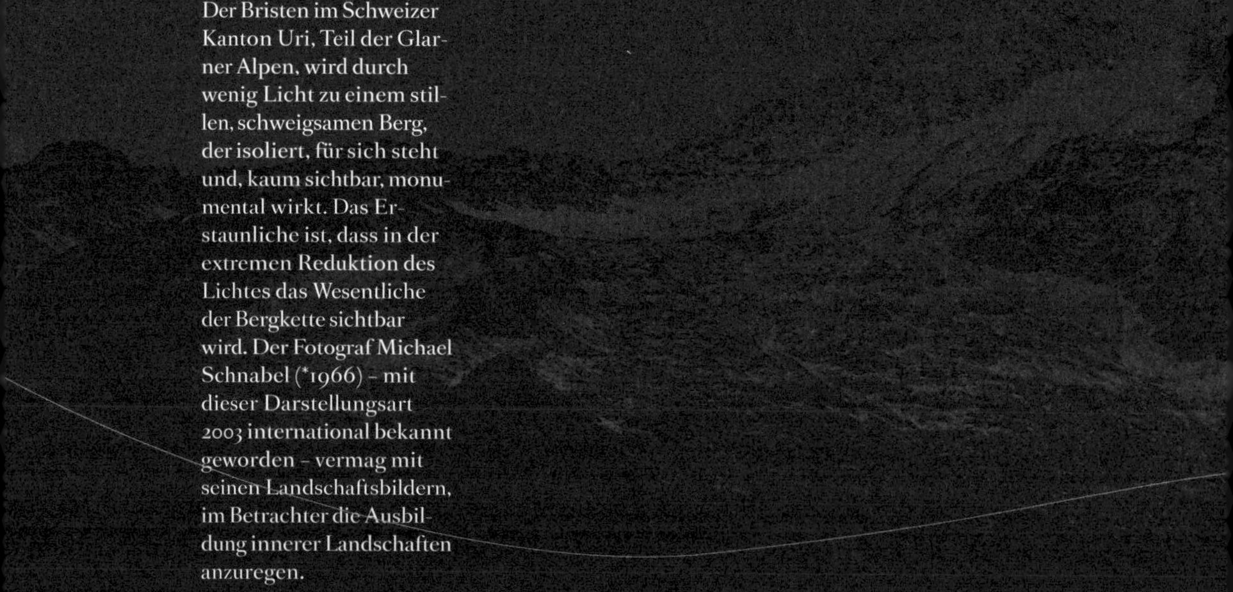

Überlege, wen Du unterstützen kannst. Tu es.

01 Glück
02 Staunen
03 Achtsamkeit
04 Geist
05 Demut
▸ 06 Lernen
07 Liebe
08 Handeln
09 Balance
10 Pflege
11 Zeit
12 Konzentration
13
14
15
16
17
18
19
20
21
22
23
24
25
26
27
28
29
30
31
32
33
34
35
36
37
38
39
40

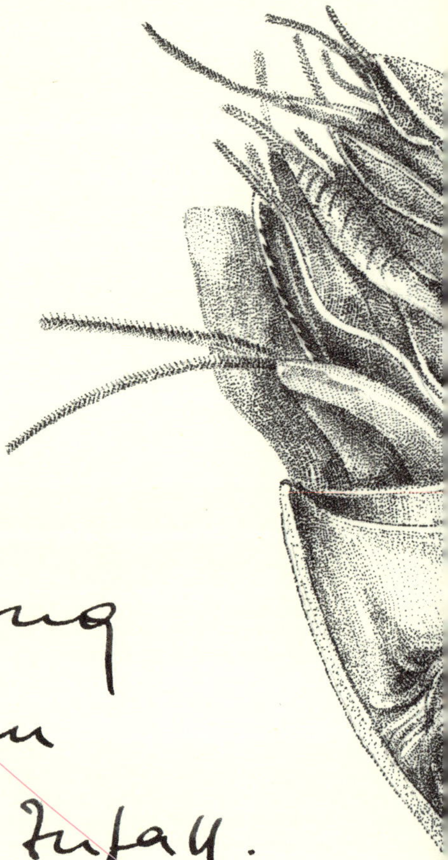

Eine weise
Lebensführung
gelingt keinem
Menschen durch Zufall.
Man muss, solange
man lebt, lernen,
wie man
leben soll.

Zeichne die perfekte Spirale. Die Natur zeigt Dir, wie es geht. Nimm dafür drei Anläufe: erst im Feld „Übung 01", dann im Feld „Übung 02" und zuletzt auf dieser Seite. Beginne jeweils beim roten Punkt.

Inspiration

Lernen

Für manche von uns ist Schulmathematik lebenslang ein rotes Tuch. Das hängt vielleicht damit zusammen, dass unseren Lehrern viel zu selten gelungen ist, die Bezüge zwischen Natur, Mathematik und Kunst lebendig werden zu lassen. Dabei steckt in jedem von uns ein Funke Galileo Galilei, ein Hauch Leonardo da Vinci, ein kleiner Fibonacci. Im Sinne dieser Pioniere werfen wir das rote Tuch in den Wind, denken weniger an „Mathematik" und mehr an den „Goldenen Schnitt". Und an dessen Vorbild, die lebendige Natur.

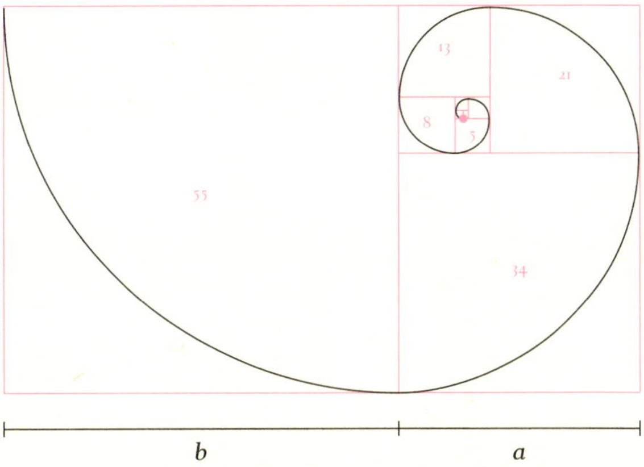

Die Lehre vom Goldenen Schnitt stellt zwei Größen in ein Verhältnis zueinander, das wir intuitiv als harmonisch empfinden: Die Gesamtstrecke $a + b$ verhält sich zur größeren Teilstrecke b genau so wie b im Verhältnis zur kleineren Strecke a. Grob gesagt, gilt ein Größenverhältnis von drei zu fünf. Genauer wird dieses Verhältnis durch die unendliche Reihe der Fibonacci-Zahlen abgebildet, bei der die Summe der zwei Vorgänger-Zahlen jeweils die Folgezahl ergibt: 0, 1, 1, 2, 3, 5, 8, 13, 21, 34, 55 … Übertragen auf die Lehre vom Goldenen Schnitt entspricht dabei die Folgezahl (z. B. 21) der Gesamtstrecke, die sich aus a (8) und b (13) zusammensetzt.

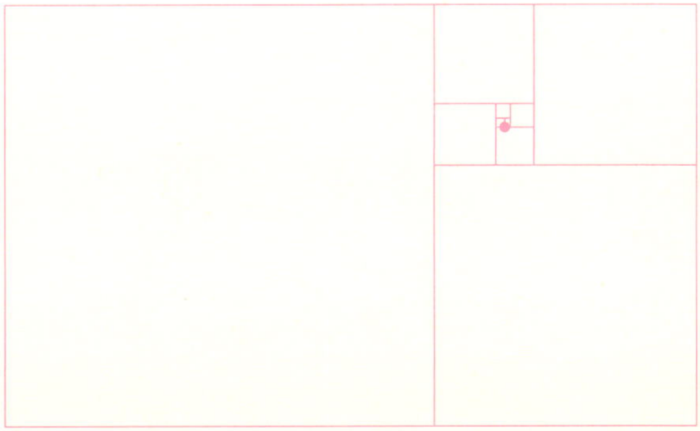

Übung 01

Vielleicht sieht man es nicht auf den ersten Blick, doch das geschulte Auge weiß: Auch die „Nautilus" folgt den Gesetzen von Natur und Mathematik. Die Schneckenform entwickelt sich von ihrem inneren Ursprung nach außen in den harmonischen Aufteilungen des Goldenen Schnitts. Und jetzt Du: Zeichne die perfekte Spirale.

Übung 02

Öffne mich.

Impuls

Lernen

Wer, wie, was, wieso, weshalb, warum – wer nicht fragt, bleibt dumm ... Dass Fragen wichtig ist, wissen wir spätestens seit der Sesamstraße. Und da hat man uns auch beigebracht, warum das so ist. Weil wir durch Fragen lernen. Weil es Fragen sind, die uns voranbringen und auf neue Ideen kommen lassen. Und zwar gerade, wenn uns Fragen umtreiben, auf die es keine einfachen Antworten gibt. Etwa die Frage, was gut für uns ist, was unserem Leben Sinn gibt, was uns „Ja" zu uns sagen lässt. Lernen, wie man leben soll – das geht nicht durch Büffeln oder Pauken. Dafür muss man nicht die Bücher der Philosophen und Weisheitslehrer gelesen haben. Ja, es kommt noch nicht einmal darauf an, die heiligen Schriften der Religionen zu studieren. Wer lernen will, wie man leben soll, muss vor allem eines: nicht aufhören, Fragen zu stellen. Und sich offen halten für neue Antworten. Auch für überraschende Antworten. Vielleicht sogar für welche, die einem zunächst gar nicht schmecken. Lernen, wie man leben soll – das heißt: Ein Gespräch mit dem Leben führen. „Was ist jetzt dran?" „Was hat es zu bedeuten, dass mir jetzt genau das widerfährt?" „Könnte es sein, dass mein Partner Recht hat mit dem, was er an mir kritisiert?" Und es bedeutet: Sich mit keiner Antwort endgültig zufriedengeben, Antworten wieder infrage zu stellen. So lernt man, wie man leben soll.

01 Glück
02 Staunen
03 Achtsamkeit
04 Geist
05 Demut
06 Lernen
▸ 07 Liebe
08 Handeln
09 Balance
10 Pflege
11 Zeit
12 Konzentration
13 Idee
14
15
16
17
18
19
20
21
22
23
24
25
26
27
28
29
30
31
32
33
34
35
36
37
38
39
40

Das

Schreibe etwas Liebes auf diesen Zettel … emandem an den Spiegel.

was wir aus
Liebe tun,
tun wir im
höchsten Grade
freiwillig.

Impuls

Liebe

In dem wunderbaren Film „Gefährliche Liebschaften“ spielt John Malkovich den Chevalier de Valmont – einen großen Verführer und Schwerenöter vor dem Herrn. Immer, wenn ihm eine neue Eroberung geglückt ist, gibt er den gleichen Spruch zum Besten: „Es ist größer als ich. Dagegen bin ich machtlos!“ Von wegen freiwillig! Verknallt ist er, hingerissen, niedergestreckt von Amors Pfeilen! Zumindest tut er so. Erfolgreich kann er das aber nur deshalb, weil dem eine Wahrheit entspricht: Wer sich verliebt, fühlt sich übermächtig. „Amor ist der stärkste aller Götter“, sagten die alten Römer und wer ihm erliegt, tut dies oft unwillig, jedenfalls nicht immer freiwillig. Der mittelalterliche Philosoph Thomas von Aquin hat trotzdem Recht. Warum? Weil es außer der Verliebtheit noch eine andere, reifere Liebe gibt. Und weil diese reife Liebe uns eine Freiheit ganz anderer Art schenkt. Denn wenn wir jemanden mit ganzem Herzen lieben, können wir gar nicht anders, als „Ja“ zu ihm oder zu ihr sagen. Und dieses „Ja“ befreit. Vielleicht wollten wir uns erst nicht verlieben – aber wenn wir dann wirklich in die Liebe gefallen sind, dann befeuert und begeistert sie uns; dann sind wir zugleich ganz bei uns und ganz beim anderen. Dann fühlen wir uns frei und stark. Dann ist alles, was wir tun, freiwillig.

Du hast Schönes und Verrücktes aus Liebe getan. Denk daran und schreib es auf.

Inspiration

Liebe

Mutter und Kind
(Detail aus „Die drei Lebensalter der Frau") Titel
Gustav Klimt Künstler
1905 Jahr

01
02 Staunen
03 Achtsamkeit
04 Geist
05 Demut
06 Lernen
07 Liebe
▸ 08 Handeln
09 Balance
10 Pflege
11 Zeit
12 Konzentration
13 Idee
14 Mut
15
16
17
18
19
20
21
22
23
24
25
26
27
28
29
30
31
32
33
34
35
36
37
38
39
40

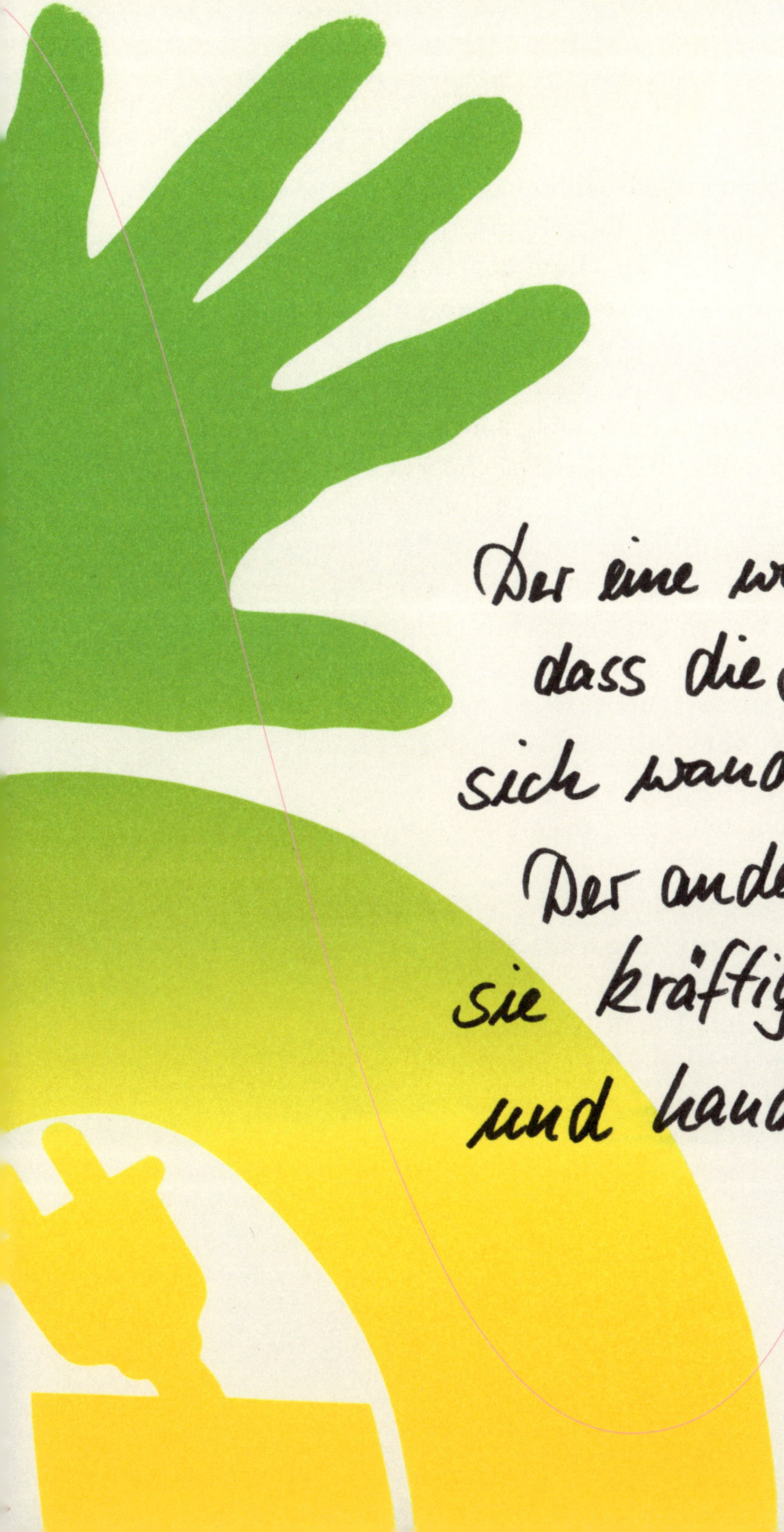

Der eine wartet,
dass die Zeit
sich wandelt.
Der andere packt
sie kräftig an …
und handelt.

Impuls

Handeln

Bei den alten Griechen gab es einen Gott, der hieß Kairos. Ein seltsamer Bursche mit einer noch seltsameren Frisur, denn sein Hinterkopf war kahl geschoren, während er vorn einen überlangen Pony trug, der ihm bis weit unters Kinn reichte. Kairos war der Gott der günstigen Gelegenheit, des rechten Augenblicks. Was sein Erscheinungsbild erklärt. Denn den rechten Augenblick erwischt man nur von vorn, indem man ihn beherzt beim Schopfe packt – ist er erst vorbeigegangen, bekommt man ihn nicht mehr zu fassen. Wer etwas anfangen will, wer handelnd in die Welt eingreifen möchte, ist deshalb gut beraten, zuzupacken und etwas aufs Spiel zu setzen. Auf das Risiko hin, danebenzulangen und leer auszugehen. Immerhin hat man es versucht, und das ist allemal besser, als gar nicht erst aus den Puschen gekommen zu sein. Gewiss ist es manchmal richtig zu warten. Ungeduld und Aktionismus bringen auch nicht weiter. Aber Warten hat nur dann Sinn, wenn es ein Warten auf die günstige Gelegenheit ist – ein aktives Warten und nicht ein passives Sich-vor-dem-Handeln drücken. Und woher weiß man, wann der rechte Augenblick gekommen ist? Man weiß es nicht, man spürt es. Deshalb nennen wir das zupackende Handeln zu Recht beherzt. Während das ängstliche Warten meist verkopft ist.

Du hast lang genug gewartet, um einem nahen Menschen Wichtiges zu sagen. Tu es beherzt und schreibe einen Brief.

Mobiler Sofortbrief

Inspiration

Handeln

Plug-in Hand Titel
Kiki Kogelnik Künstlerin
1968 Jahr

Hände auf Höhlenwänden sind früheste Objekte der Kunst. Die Hand eines Menschen diente dabei als Schablone. Auch die österreichische Pop-Art-Künstlerin Kiki Kogelnik (1935–1997) hat mit Schablonen gearbeitet. In „Plug-in Hand“ von 1968 verbindet sie die Hand mit der Technik: mit einer Armbanduhr und einem Elektrostecker, der aussieht wie eine verkleinerte Hand mit zwei Fingern. Wie auf Höhlenwänden ist die Hand isoliert. „Plug-in Hand“ ist ein treffendes Bild für den modernen Menschen.

01
02
03
04 Geist
05 Demut
06 Lernen
07 Liebe
08 Handeln
▸ 09 Balance
10 Pflege
11 Zeit
12 Konzentration
13 Idee
14 Mut
15 Entschuldigung
16
17
18
19
20
21
22
23
24
25
26
27
28
29
30
31
32
33
34
35
36
37
38
39
40

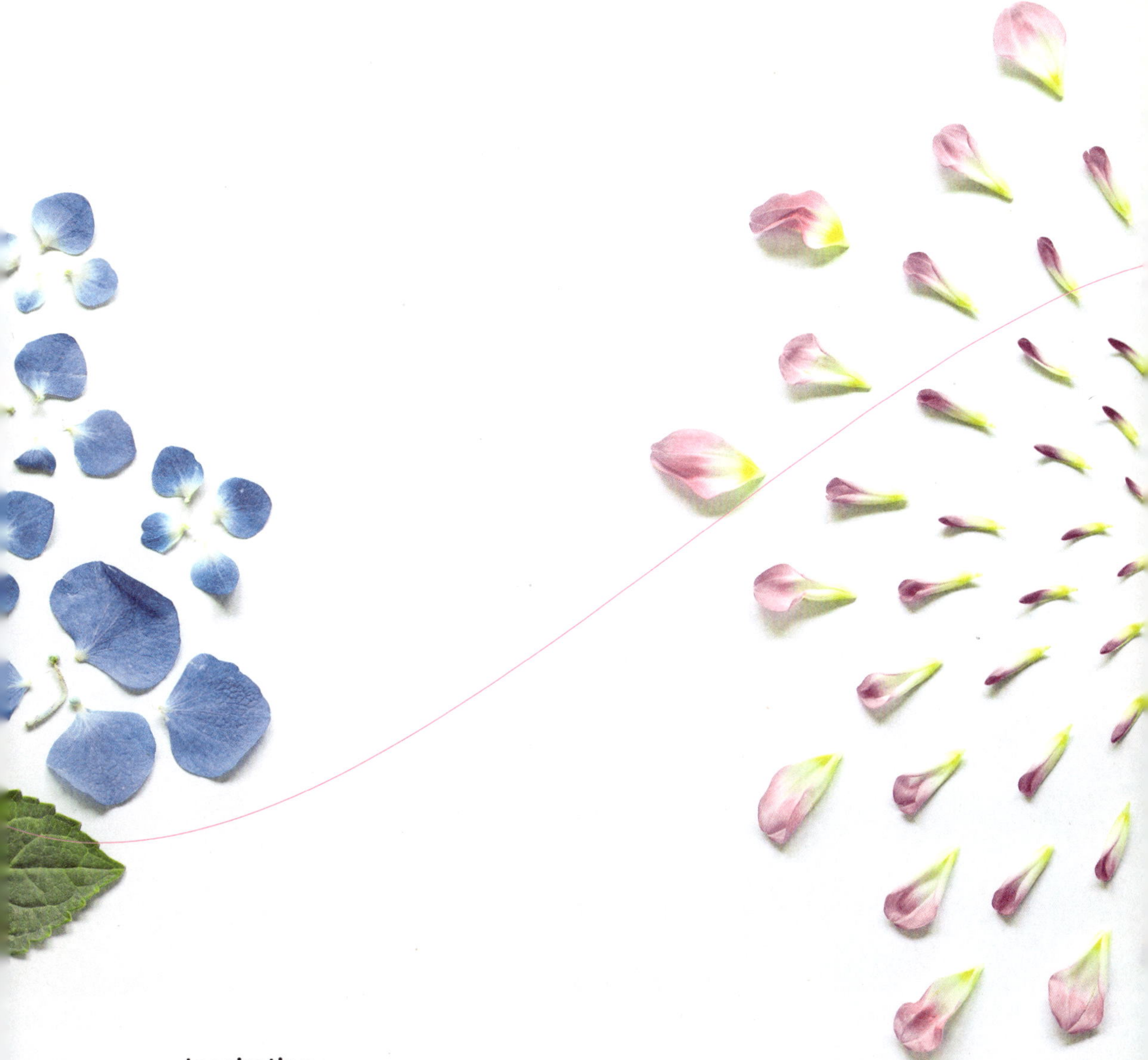

Inspiration
Balance

Hydrangea Exploded 01
Dahlia Exploded 01 Titel
Fong Qi Wei Künstler
2011 Jahr

Die Seele liebt
in allen Dingen
das diskrete Maß.
Deshalb soll sich
der Mensch in allen Dingen
selbst das rechte Maß
auferlegen.

Wer hat nicht schon mal im Zirkus die Akrobaten bestaunt? Unfassbar, was die alles anstellen: fliegende Menschen, die am Trapez tollkühne Kunststücke vorführen; Jongleure, die auf einem Einrad fahren und gleichzeitig zehn Keulen in der Luft balancieren ... Kaum zu glauben, aber es ist möglich. Warum? Weil diese Menschen ihren Körper erkundet und geschult haben. Sie wissen, was ihr Körper kann – und wo er seine Grenzen hat. Und sie haben ein sicheres Gespür für Balance und Gleichgewicht. Sie kennen ihren Schwerpunkt und ruhen bei all ihren Bewegungen doch ganz in ihrer eigenen Mitte. Wenn wir der weisen Hildegard von Bingen (1098 – 1179) folgen, dann gilt das auch für die Seele. Nicht nur unser Körper habe seinen inneren Gleichgewichtspunkt – auch unsere Seele strebe nach einer solchen inneren Harmonie.
Ja, sie glaubte, das ganze Universum bestehe nur, weil ihm ein inneres Maß innewohnt: ein Maß, an dem wir Maß nehmen müssen, wenn wir in uns ruhen wollen; wenn wir mit uns und der Welt im Einklang sein wollen; wenn wir das Gefühl haben wollen, dass es stimmt und alles mit uns in Ordnung ist. Danach sehnen wir uns und deshalb tun wir gut daran, als Seelenakrobaten unser Inneres zu erforschen: auf unsere Gefühle und Sehnsüchte, Ängste und Hoffnungen zu achten und sie so zu balancieren, dass wir mit uns selbst übereinstimmen. Dann werden wir zu Lebensakrobaten.

Benenne drei Dinge, die Dir guttun und zum inneren Ausgleich führen.

Setze sie in den kommenden Tagen und Wochen um.

Bathhouse women diptych Titel
Kiyonaga Torii Künstler
1780 Jahr

Man muss dem Körper
Gutes tun, damit
die Seele Lust hat,
darin zu wohnen.

Impuls

Pflege

Geht Ihnen das auch manchmal so: Sie haben Geburtstag und Ihre Freundinnen und Freunde kommen, um Ihnen alles Gute zu wünschen. „Vor allem Gesundheit", heißt es dann oft, doch wo Sie das hören, beschleicht Sie ein komisches Gefühl: „Na ja, schon, aber was nützt mir die Gesundheit, wenn ich doch nicht glücklich bin ...?" Die heilige Teresa von Avila (1515 – 1582) hatte eine gute Antwort darauf: Der Körper ist das Haus der Seele. Und deshalb verdient er unsere Pflege. Denn wer wohnt schon gern in einem brüchigen Haus? Wie kann man glücklich sein, wenn man sich in seinen eigenen vier Wänden nicht wohlfühlt? Nein, die Seele braucht ein gescheites Zuhause, sonst wird sie nicht glücklich sein. Und deshalb ist es nur in ihrem Sinne, wenn wir Zeit und Aufmerksamkeit auf unseren Körper verwenden: Kosmetik und Wellness, Fitness und gesunde Ernährung, Sport und Erholung? Aber sicher doch! Zu einem guten und glücklichen Leben gehört das unbedingt dazu. Viel zu lange haben uns alle möglichen Moralapostel einreden wollen, es sei unanständig, so viel Aufmerksamkeit auf den Körper zu verwenden. Da war die heilige Teresa schon weiter. Und sie hätte sicher nichts dagegen gehabt, wenn Sie sich zum nächsten Geburtstag ein nettes Wohlfühlwochenende wünschen – weil „... vor allem Gesundheit".

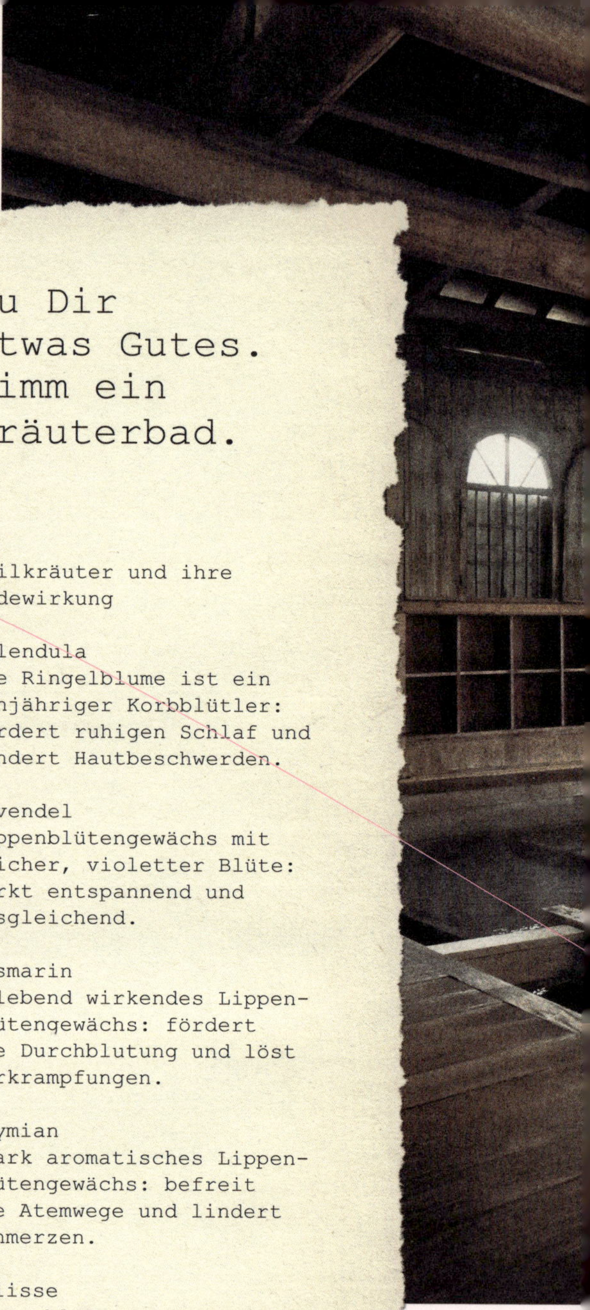

Tu Dir etwas Gutes. Nimm ein Kräuterbad.

Calendula

Lavendel

Rosmarin

Thymian

Melisse

Beinwell

Heilkräuter und ihre Badewirkung

Calendula
Die Ringelblume ist ein einjähriger Korbblütler: fördert ruhigen Schlaf und lindert Hautbeschwerden.

Lavendel
Lippenblütengewächs mit reicher, violetter Blüte: wirkt entspannend und ausgleichend.

Rosmarin
Belebend wirkendes Lippenblütengewächs: fördert die Durchblutung und löst Verkrampfungen.

Thymian
Stark aromatisches Lippenblütengewächs: befreit die Atemwege und lindert Schmerzen.

Melisse
Lippenblütengewächs mit zitronig duftendem Blatt: beruhigt das Gemüt und entspannt den Körper.

Beinwell
Raublattgewächs mit purpurner Blüte: lindert Wunden, Schwellungen und Sonnenbrand.

Inspiration
Pflege

Hoshi Onsen, Japan Titel
Martin Grothmaak Designer, Fotograf, Künstler
2012 Jahr

Onsen sind natürliche heiße Quellen, die das Potenzial in sich bergen, die Zeit auszubremsen. In Japan entspannt man sich im Onsen nach getaner Arbeit. Nach der Kreation die Rekreation – eine kluge Methode. Die meisten Onsen befinden sich im Freien. Der hier abgebildete ist somit ein Ausnahme-Onsen. Aus Holz, von Handwerkern, die ihr Metier meisterlich beherrschen sowie achtsam und meditativ ausüben, geschreinert. Im Laufe der Zeit haben die Materialien eine wunderbare Patina bekommen. Farben, Proportionen, Materialien und Texturen wirken als harmonisches Ganzes zusammen.

01
02
03
04
05 Demut
06 Lernen
07 Liebe
08 Handeln
09 Balance
10 Pflege
► 11 Zeit
12 Konzentration
13 Idee
14 Mut
15 Entschuldigung
16 Spiel
17 Vertrauen
18
19
20
21
22
23
24
25
26
27
28
29
30
31
32
33
34
35
36
37
38
39
40

Es ruht

noch manches
im Schoß der Zeit,
das zur
Geburt will.

Impuls
Zeit

Zeit ist das, wovon man meistens zu wenig hat. Wie viele Menschen klagen darüber, dass sie nicht genug Zeit haben? Nicht genug Zeit, um mit ihren Kindern zu spielen, nicht genug Zeit, ein Buch zu lesen, nicht genug Zeit, Freunde zu besuchen. Sie leben in ständiger Zeitnot, während anderen die Zeit lang wird. Sie leiden, weil sie das Gefühl haben, ihre Zeit mit unnützem Tun zu verplempern, weil sie sich langweilen bei einer Beschäftigung, die sie tun müssen, aber nicht tun wollen. Sie sehnen sich nach Frei-Zeit, freier Zeit, die dann aber wieder zu kurz ist. Ja, wirklich, Zeit ist das, woran es einem meistens mangelt. Aber warum eigentlich? Weil wir Zeit brauchen, um unser Potenzial zu entfalten. Wir brauchen Zeiträume, in denen wir etwas von dem entdecken und zeigen können, was in uns steckt, aber eben Zeit braucht, um ans Licht zu kommen. Ohne Zeit, so lehren es Physiker und Philosophen, kann nichts werden und nichts entstehen. Damit überhaupt etwas zum Vorschein kommt, braucht es einen bestimmten Zeitraum. Und das gilt genauso für unser ganz persönliches Leben. Noch manches ruht im Schoß der Zeit. Das bedeutet: Noch viele ungenutzte Möglichkeiten schlummern in uns – noch viel Potenzial, dem wir Zeit geben sollten, damit es sich zeigen kann und damit unsere Seele sich wie ein Baum im Laufe der Zeit immer weiter entfaltet, zur Blüte kommt und Früchte trägt.

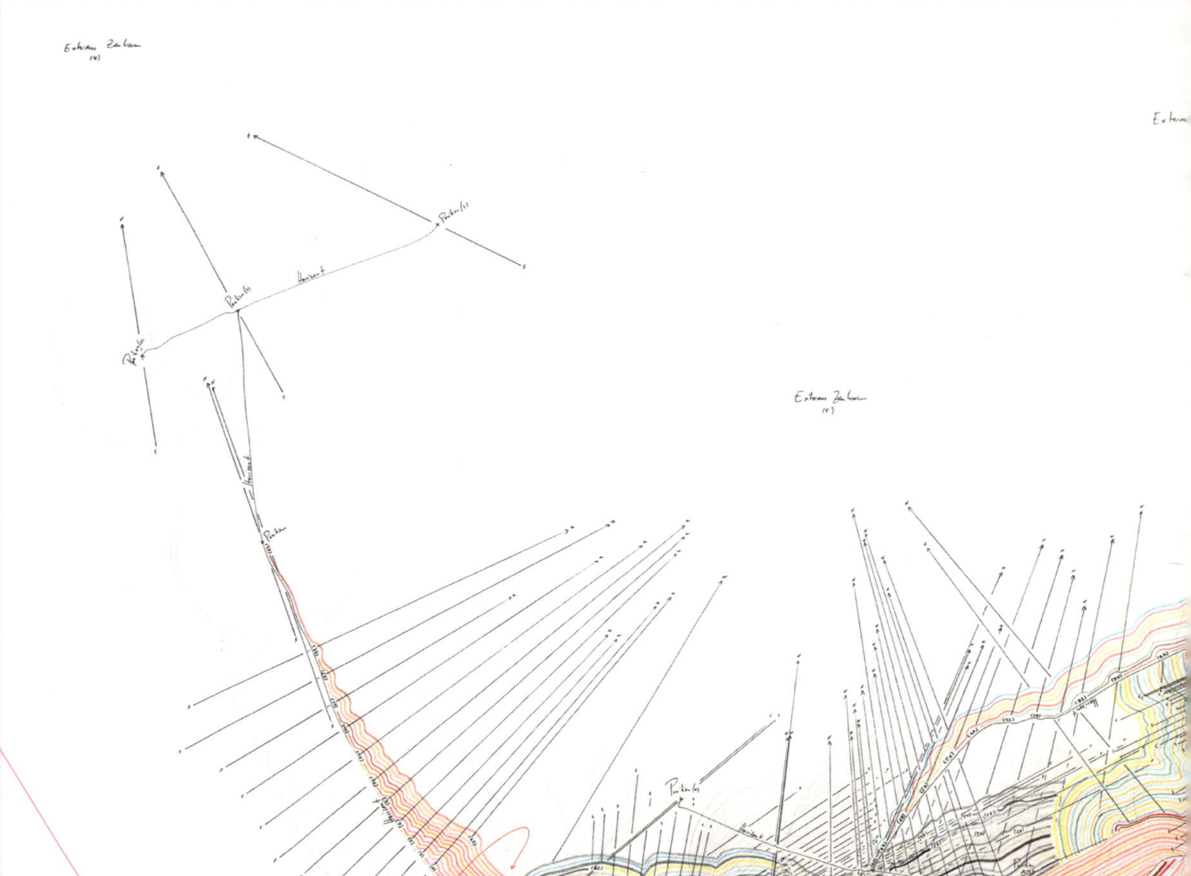

WV 2011 – 005
Horizonte
Mögliche Farben des Horizonts; Position; Himmelsrichtung; 8 Externe Zentren; Rotation (1 Umdrehung/Tag) Titel
Jorinde Voigt Künstlerin
2010 Jahr

Inspiration

Zeit

Geraden und Kurven. Rhythmische Linien und gestauchte Bögen. Koordinaten und mathematische Figuren. Orientierung an der Vertikalen. Der Horizont geschwungen. Dynamische Kompositionen und doch gefasst. Gezeichnete bewegliche Gedanken und notierte Gefühle. Es mögen geografische Höhenlinien, Energieverteilungen im Raum oder Strömungsverläufe sein, Jorinde Voigt (*1977) arbeitet mit dem Möglichen und wagt sich mit Linie und Farbe an den Sinn von Musik und Philosophie heran – eine Art Relativität von Zeit und Dasein.

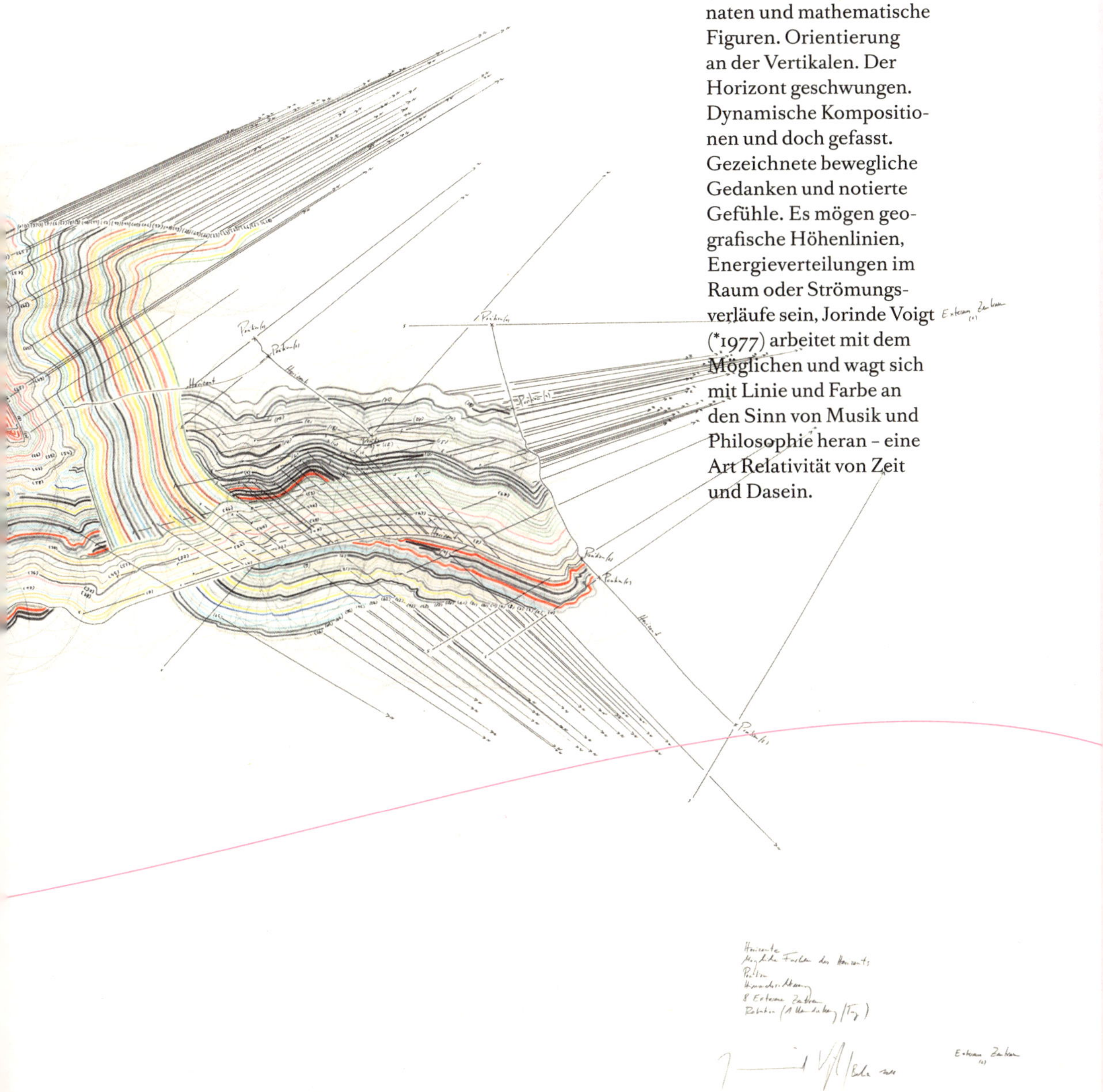

Dies ist eine Lichtung. Seit Sesshaftwerdu

s Menschen sind Lichtungen Voraussetzung für den gezielten Fortschritt.

01
02
03
04
05
06 Lernen
07 Liebe
08 Handeln
09 Balance
10 Pflege
11 Zeit
► 12 Konzentration
13 Idee
14 Mut
15 Entschuldigung
16 Spiel
17 Vertrauen
18 Kooperation
19
20
21
22
23
24
25
26
27
28
29
30
31
32
33
34
35
36
37
38
39
40

Wenn ich tanze,
tanze ich.
Und wenn ich schlafe,
schlafe ich.

Up In The Air Titel
Lissy Elle Künstlerin
2010 Jahr

Inspiration
Konzentration

Impuls

Konzentration

Wenn Sie Kindern beim Spielen zuschauen, dann wissen Sie, was es heißt, ganz bei der Sache zu sein. Beinahe selbstvergessen leben sie ganz in ihrem Spiel und Sie können sicher sein, dass sie keine Ahnung davon haben, wie viel Zeit derweil vergeht. Etwas Ähnliches kennen Menschen, die einem Handwerk oder einer Handarbeit nachgehen. Ebenso Künstler, wenn sie ein Bild malen oder eine Skulptur formen. Sie gehen ganz in ihrem Tun auf. Man könnte auch sagen: Sie sind ganz auf das fokussiert, was sie jetzt und hier tun, ganz gesammelt, konzentriert und präsent. Und gerade das macht sie glücklich. Überglücklich. Wer einmal das Glück des selbstvergessenen, hingebungsvollen Ganz-bei-der-Sache-Seins erfahren hat, möchte es immer wieder erleben. Eines ist dabei wichtig: Diese Erfahrung machen wir nicht, wenn wir etwas leisten wollen. Wenn wir uns anstrengen müssen und zähneknirschend, fast gewaltsam unseren Geist auf etwas ausrichten und konzentrieren. Diese gewollte und erzwungene Konzentration macht uns weder glücklich noch trägt sie dazu bei, dass unser Tun von Erfolg gekrönt ist. Glück und Gelingen aber stellen sich ein, wo wir mit ganzem, offenem, aufgegangenem Herzen etwas tun: tanzen oder schlafen, spielen oder arbeiten, denken oder essen ... Konzentriert im Herzen, gesammelt im Geist – so sind wir ganz bei uns und ganz im Leben.

01
02
03
04
05
06
07 Liebe
08 Handeln
09 Balance
10 Pflege
11 Zeit
12 Konzentration
▸ 13 Idee
14 Mut
15 Entschuldigung
16 Spiel
17 Vertrauen
18 Kooperation
19 Werden
20
21
22
23
24
25
26
27
28
29
30
31
32
33
34
35
36
37
38
39
40

Die Kraft der Ideen

mächtigste

Welt

ist eine Idee,

Zeit

gekommen ist.

Impuls

Idee

Woran der französische Romancier Victor Hugo dachte, als er dieses berühmte Wort notierte, ist nicht bekannt. Bekannt sind allenfalls die großen Errungenschaften, in deren Zusammenhang es gern zitiert wird: die Abschaffung der Apartheid, die Einführung der Frauenrechte oder die Erfüllung des Traums vom Fliegen durch Luftfahrtpioniere wie Otto Lilienthal oder den Grafen Zeppelin. Große Ideen steckten dahinter und tatsächlich spricht manches dafür, dass erst die passende Zeit angebrochen sein musste, bevor sie verwirklicht werden konnten. Schon in der Renaissance hatte Leonardo da Vinci Flugmaschinen erfunden, aber er fand damit keine Resonanz. Da war niemand, der sie erprobt hätte. Schon in der französischen Revolution traten mutige Frauen auf, die ihre Rechte einklagten, aber es musste mehr als ein Jahrhundert vergehen, bevor ihre Stimmen gehört wurden. Es gibt Ideen, die sind Frühgeburten; es gibt Visionen, die sind unzeitgemäß. Aber deshalb sind sie nicht falsch oder schlecht. Das gilt nicht nur für die großen, weltverändernden Einfälle. Es gilt genauso für die Ideen, die Sie im Herzen tragen; aber vielleicht noch nicht verwirklichen konnten. Oder es erfolglos versuchten. Das spricht nicht gegen Ihre Ideen; vielleicht war nur die Zeit noch nicht reif. Deshalb sollten wir uns nie entmutigen lassen und unseren Visionen und Ideen treu bleiben. Es kann sein, dass ihre Zeit erst kommen muss. Und dann sogar die Welt verändert. Zumindest Ihre Welt.

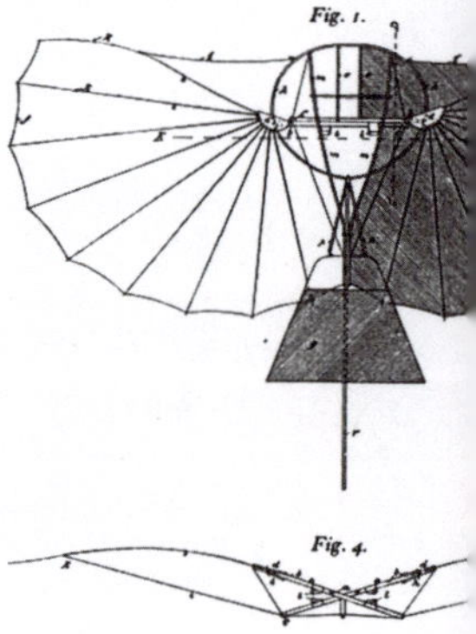

Patentzeichnung
Flugapparat, 1893

Otto Lilienthal, 1896

Inspiration

Idee

Fliegen – Traum des Menschen. Worauf die griechische Sage von Ikarus und Dädalus, Entwürfe von Leonardo da Vinci und die Realisierung des Fliegens im Jahr 1891 verweisen. Fliegen ist die Fortbewegung eines Körpers im gasförmigen Medium Luft. Flugtiere haben bewegliche, Fluggeräte unbewegliche Flügel. Der deutsche Luftfahrtpionier Otto Lilienthal (1848–1896) absolvierte Gleitflüge mit Hängegleitern – das sind zum Fußstart geeignete Segelfluggeräte – die die Gebrüder Wright zum Motorflugzeug weiterentwickelten.

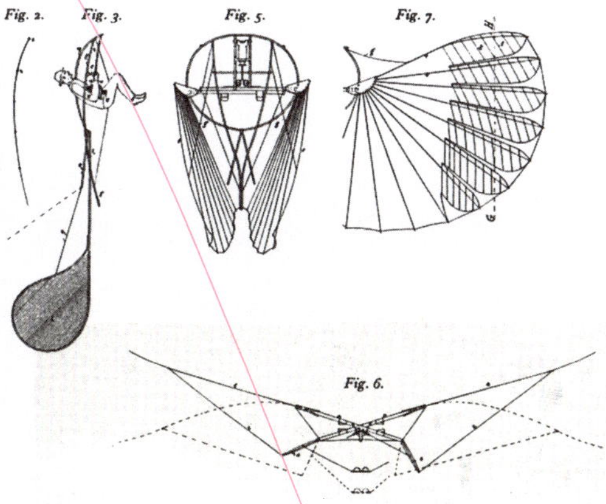

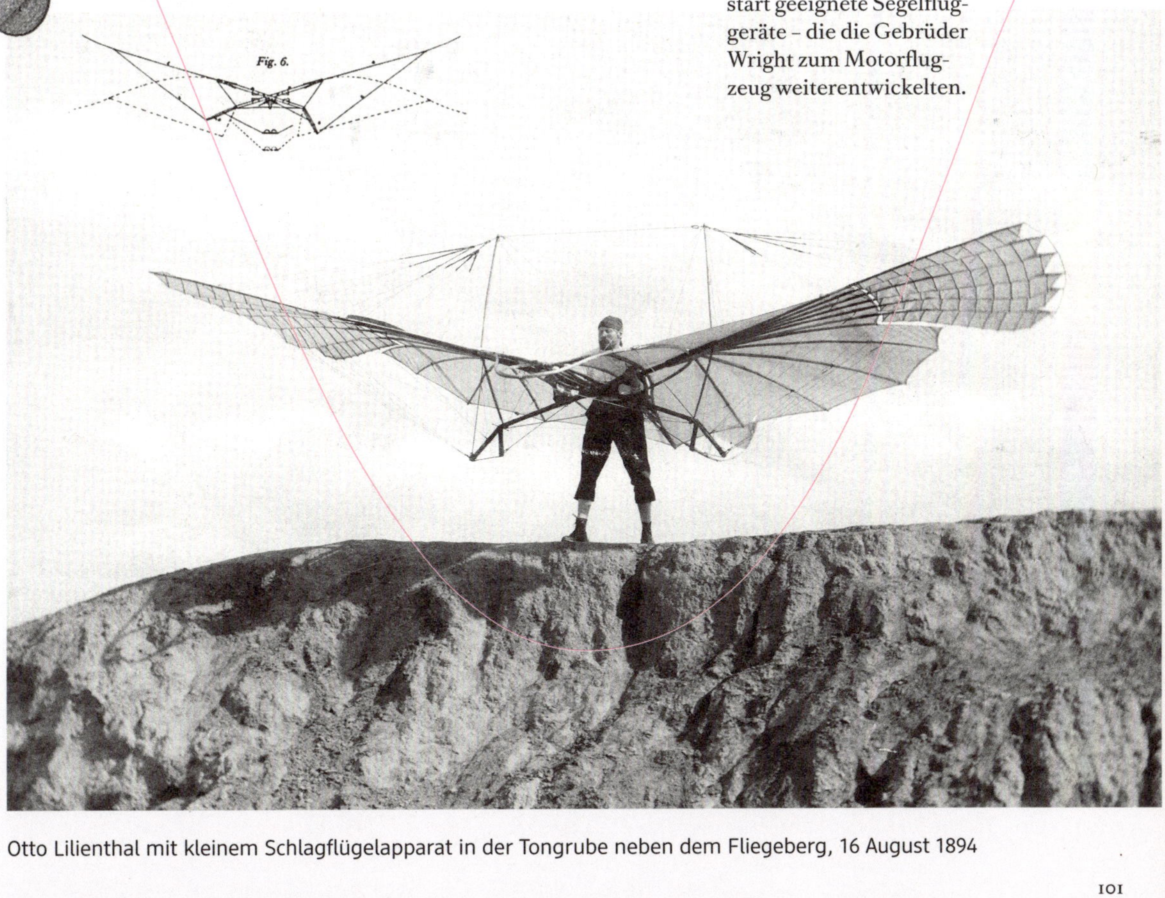

Otto Lilienthal mit kleinem Schlagflügelapparat in der Tongrube neben dem Fliegeberg, 16 August 1894

Flugapparat: kl. Doppeldecker im Flug Titel
Otto Lilienthal Luftfahrtpionier
1895 Jahr

Ideen geben uns Flügel. Lass sie wachsen und wage den Flug.

01
02
03
04
05
06
07
08 Handeln
09 Balance
10 Pflege
11 Zeit
12 Konzentration
13 Idee
▸ 14 Mut
15 Entschuldigung
16 Spiel
17 Vertrauen
18 Kooperation
19 Werden
20 Reifen
21
22
23
24
25
26
27
28
29
30
31
32
33
34
35
36
37
38
39
40

WAGE ZU DENKEN.

Inspiration
Mut

Impossible cube Titel
Bruno Ernst Künstler
Unbekannt Jahr

Impuls

Mut

Ursprünglich hatte der Philosoph Immanuel Kant das Wort wohl bei dem römischen Dichter Horaz entdeckt: „Sapere Aude", riet der seinen Lesern, was Lateinisch ist und so viel heißt wie „Wage es, weise zu sein". Als Kant das geflügelte Wort für seinen Aufsatz zu der Frage „Was ist Aufklärung?" in Dienst nahm, gab er ihm allerdings eine andere Bedeutung – eine, die es weithin bekannt machte. Mit „Habe Mut, dich deines eigenen Verstandes zu bedienen!" übersetzte er das Wort des Horaz und kürte dessen Appell zum „Wahlspruch der Aufklärung". Zum Motto einer ganzen Epoche, die tatsächlich den Mut aufgebracht hatte, eigenständig zu denken; die sich nicht mehr damit zufrieden gab, von kirchlichen oder politischen Autoritäten gesagt zu bekommen, was gut und böse, wahr und falsch ist. „Wage zu denken", das war und ist ein Appell gegen jede Form von Konformismus und Opportunismus – eine Aufforderung, nicht immer das nachzubeten, was Prominente und Experten vorbeten; nicht anderen nach dem Mund zu reden, nicht die Fahne in den gerade herrschenden Wind zu hängen. „Wage zu denken", das heißt, riskieren, mal gegen den Strich zu denken, auch das denken, was auf den ersten Blick unmöglich scheint; die Einsamkeit ertragen, wenn man mit seiner Einsicht allein steht, und gängige Meinungen hinterfragen – vor allem übrigens ... die eigenen.

Schließe dieses Buch. Nimm Dir 15 Minuten Zeit, um eine Angelegenheit, die Dich beschäftigt, zu Ende zu denken.

01
02
03
04
05
06
07
08
09 Balance
10 Pflege
11 Zeit
12 Konzentration
13 Idee
14 Mut
▸ 15 Entschuldigung
16 Spiel
17 Vertrauen
18 Kooperation
19 Werden
20 Reifen
21 Experiment
22
23
24
25
26
27
28
29
30
31
32
33
34
35
36
37
38
39
40

Ehe man tadelt,
sollte man
immer
versuchen,
ob man
entschuldigen

lost

nicht

kann.

Inspiration

Entschuldigung

Furniture Jockey: Boy surfing Titel
Tim Macpherson Fotograf
2009 Jahr

Impuls

Entschuldigung

„Entschuldige bitte, das war nicht so gemeint!“ Diesen Satz haben Sie bestimmt schon mal gehört. Und wie ist es Ihnen dabei gegangen? Hat er Ihren Zorn gedämpft, Ihre Wut gelindert? Vermutlich hängt das davon ab, ob er glaubwürdig rüberkommt. Kindern nehmen wir ihn deshalb bereitwillig ab, Erwachsenen weniger. Aber warum eigentlich? Weil wir schon so oft in unserem Vertrauen enttäuscht wurden, so oft mit Böswilligkeit und Missgunst zu tun hatten? Vielleicht aber auch deshalb, weil es uns ein gutes Gefühl gibt, andere zu tadeln. Wir können uns dann über sie stellen, uns ihnen überlegen fühlen. Wer andere verurteilt, bekommt Macht über sie und es kann sein, dass genau das der heimliche Grund ist, warum uns der Tadel oft so leicht über die Lippen geht. Aber was haben wir davon? Auf der einen Seite einen kurzen Kick der Überlegenheit, ja; aber auf der anderen Seite einen verletzten Menschen – einen, der es womöglich wirklich nicht so gemeint hatte. Der es eigentlich gut gemeint hat, nur eben nicht erkannte, dass das, was er gut fand, am Ende nicht gut war. Gewiss ist es richtig, Kritik auszusprechen und Missstände beim Namen zu nennen. Aber wir sollten dabei einander auf Augenhöhe begegnen, uns nicht über den anderen stellen. Einfach weil es uns besser tut – und weil wir nur so miteinander im Gespräch bleiben und uns weiterhin in die Augen schauen können.

Male ein Herz an eine Wand.

01
02
03
04
05
06
07
08
09
10 Pflege
11 Zeit
12 Konzentration
13 Idee
14 Mut
15 Entschuldigung
▸ 16 Spiel
17 Vertrauen
18 Kooperation
19 Werden
20 Reifen
21 Experiment
22 Potenzialentfaltung
23
24
25
26
27
28
29
30
31
32
33
34
35
36
37
38
39
40

Der Mensch ist nur da ganz Mensch, wo er spielt.

Impuls

Spiel

Als Kinder haben wir gern gespielt. Und je mehr wir spielten, desto glücklicher waren wir. Am besten aber war es, wenn wir mit anderen spielten: Geschwistern und Freunden, im Kindergarten und Sportverein, drinnen und draußen. Das Leben war ein Spiel – bis der Ernst des Lebens begann. Dann war das Spiel aus und die Arbeit fing an. So denken wir. Aber stimmt das auch? Wenn wir Friedrich Schiller folgen, dann wäre es schlimm, wenn das stimmte. Denn dann lebten wir auf eine Weise, die uns davon abhält, ganz Mensch zu sein. „Der Mensch spielt nur, wo er in voller Bedeutung Mensch ist, und er ist nur da ganz Mensch, wo er spielt“, sagte er, denn für ihn war Spielen ein Akt der Freiheit: Wer spielt, kann aus dem Vollen schöpfen, hat ein ungeheures Potenzial von möglichen Spielzügen, die er erproben kann. Denken Sie nur an das Schachspiel oder an Fußball. Keine Partie gleicht der anderen. Man ist ganz frei. Und man kann etwas aufs Spiel setzen. Denn selbst wenn man verliert – war es eben „nur“ ein Spiel. Das funktioniert aber nur, weil es Regeln gibt, die man einhalten muss. Und ein paar Grenzen: Ein Match dauert 90 Minuten und das Feld ist 100 mal 80 Meter groß. Was aber noch wichtiger ist: Man braucht Mitspieler, auch wenn sie Gegenspieler sind. Denn ohne sie kann man nicht spielen. Dieser Mix ist es, den wir brauchen, wenn wir ganz Mensch sein wollen: einen Spielraum und eine Spielzeit, wo wir kreativ sein können; Mitspieler, mit denen wir verbunden sind; Regeln, die uns verbindlich sind. Solche Arrangements tun uns gut, und zwar in allen Lebenslagen. So wie damals, als wir Kinder waren und das Leben ein Spiel war.

1
2
3
4
5
6

Inspiration

Spiel

Vater und Sohn
Ein Hoffnungsloser Fall Titel
Ehrich Ohser Zeichner
1935 Jahr

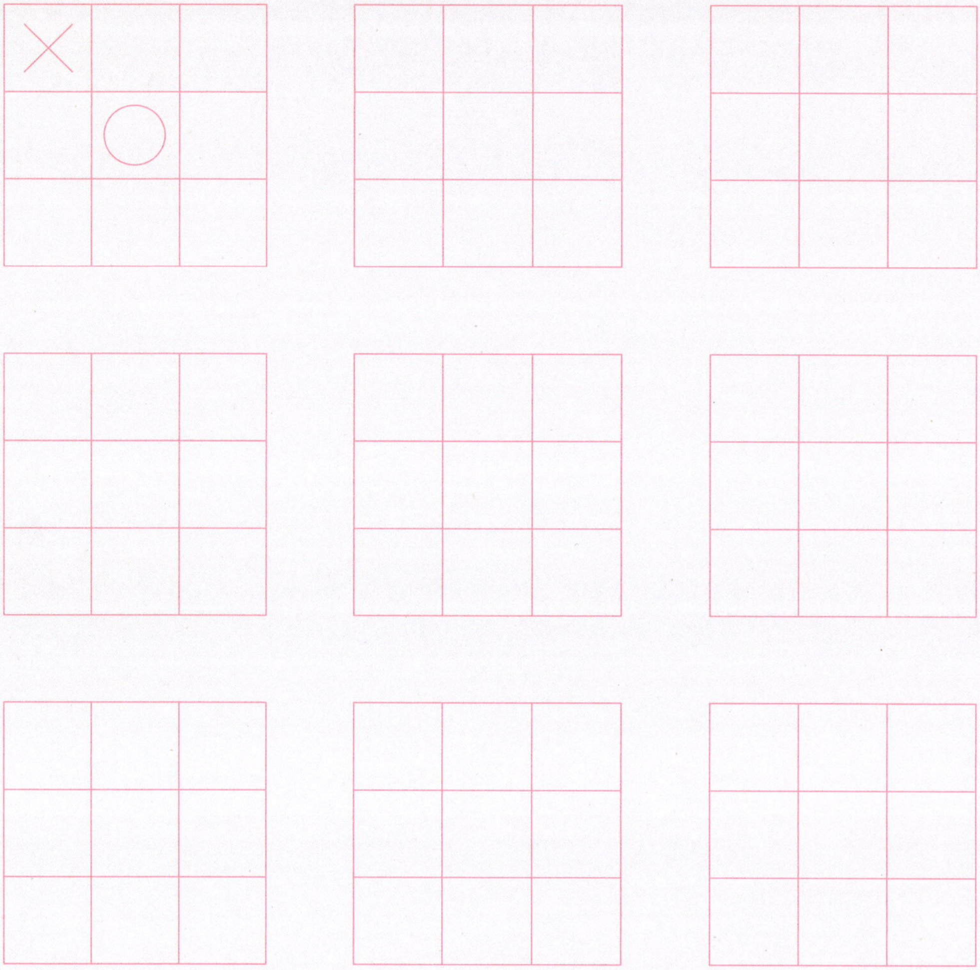

Kreis und Kreuz

Kreis und Kreuz wurde schon lange vor Beginn der christlichen Zeitrechnung gespielt. Du brauchst dafür nur Papier, Stifte und einen Mitspieler. Vier Striche auf dem Papier ergeben ein Spielfeld mit neun Kästchen. Abwechselnd setzt nun jeder von Euch sein Zeichen – Kreis oder Kreuz – in eines der Felder. Ziel des Spiels ist es, drei gleiche in eine Reihe zu bekommen: waagerecht, senkrecht oder diagonal. Wer es schafft, hat gewonnen. Schafft es keiner, spielt Ihr einfach noch mal.

Käsekästchen

Käsekästchen war in den 70er-Jahren ein beliebtes Pausenspiel an deutschen Schulen. Man braucht nur ein Blatt Papier, einen Stift – und los geht's: Auf einem Karopapier zeichnest Du ein Spielfeld ein, z. B. 8 x 12 Kästchen. Auf unserem Blatt hier sind die Kästchen durch Punkte angedeutet. Der Reihe nach ziehen nun die Mitspieler einen Verbindungsstrich zwischen zwei Punkten oder entlang eines Kästchens. Dabei gilt der Rahmen des Spielfelds als vorgegebener Strich. Wer im Laufe des Spiels ein Kästchen schließt, setzt sein Zeichen hinein und darf noch einmal. Es wird gespielt, bis alle Kästchen umrahmt sind. Wer am Ende die meisten Kästchen erobert hat, ist Gewinner.

01
02
03
04
05
06
07
08
09
10
11 Zeit
12 Konzentration
13 Idee
14 Mut
15 Entschuldigung
16 Spiel
▸ 17 Vertrauen
18 Kooperation
19 Werden
20 Reifen
21 Experiment
22 Potenzialentfaltung
23 Genuss
24
25
26
27
28
29
30
31
32
33
34
35
36
37
38
39
40

Die größte Ehre,
die man einem Menschen
antun kann, ist die,
dass man zu ihm
Vertrauen hat.

Vor Deinem geistigen Auge lässt Du unterschiedliche Menschen vorbeiziehen. Wem vertraust Du?

Impuls

Vertrauen

Wer das Vertrauen seines Partners verliert, ist verloren. Wer das Vertrauen seiner Kunden verliert, kann keine Geschäfte mehr machen. Wer hingegen das Vertrauen seiner Mitmenschen genießt, dem stehen alle Türen offen. Vertrauen ist das Fundament jeder Beziehung. Mehr noch: Vertrauen ist die Währung, die unser Miteinander möglich macht: die wahre Währung, denn ohne sie sind alle anderen Währungen wertlos. Was nutzt Ihnen Geld, wenn Sie nicht darauf vertrauen können, dass andere es als Zahlungsmittel akzeptieren? Gerade in Krisenzeiten gibt es nichts Kostbareres als das Vertrauen, das Sie anderen schenken und das andere Ihnen entgegenbringen. Gerade dann bewährt sich diese Währung, wenn alle Sicherheitssysteme versagen. Wenn das Handy kaputt ist, können Sie nur darauf vertrauen, dass Ihr Freund zur verabredeten Zeit am verabredeten Ort ist; wenn Sie ins Flugzeug steigen, können Sie nur darauf vertrauen, dass die Maschine gut gewartet ist. Ohne Vertrauen können wir nicht leben. Dann verbeißen wir uns in Kontrollsüchte und verlieren den lebendigen Kontakt zu unseren Mitmenschen. Angst, Einsamkeit, Verbitterung sind die Folge. Ganz anders, wenn wir vertrauen und Vertrauen genießen: Dann fühlen wir uns frei und können Neues erproben. Deshalb brauchen wir Vertrauensräume – in der Familie, auf der Arbeit, bei unseren Freunden. Und deshalb müssen wir sie schützen und pflegen. Denn Vertrauen ist wie Gletschereis: Es entsteht über lange Zeiträume und ist unendlich tragfähig. Aber infolge eines Klimawandels kann es in nur einem Sommer dahinschmelzen.

01
02
03
04
05
06
07
08
09
10
11
12 Konzentration
13 Idee
14 Mut
15 Entschuldigung
16 Spiel
17 Vertrauen
▸ 18 Kooperation
19 Werden
20 Reifen
21 Experiment
22 Potenzialentfaltung
23 Genuss
24 Sinn
25
26
27
28
29
30
31
32
33
34
35
36
37
38
39
40

Es ist nicht gut,
dass
alleine sei,
dass er
vielmehr
der Teilnahme
wenn etwas

der Mensch
und besonders nicht,
alleine arbeite;
bedarf er
und Anregung,
gelingen soll.

Impuls
Kooperation

Dass vier Augen mehr sehen als zwei, ist eine Binsenweisheit; auch dass zwei Köpfe mehr denken als einer, dürfte jedermann unmittelbar einsichtig sein. Dass aber die Kreativität und Intelligenz, die dabei herauskommen, viel mehr sind als nur die Summe zweier Geister, das müssen wir uns immer wieder klarmachen. Dabei wissen wir es längst. Zumindest dann, wenn wir achtsam durchs Leben gehen. Wer hätte nicht die Erfahrung gemacht, im Zuge eines Gesprächs in der Familie oder in der Firma auf neue Ideen gekommen zu sein? Wer kennt nicht das Wunder, dass Menschen an einem Tisch sitzen, um ein Problem zu diskutieren, für das niemand eine Lösung hat? Doch plötzlich ist die Einsicht da – als ob sie vom Himmel gefallen wäre; als ob sich die Gehirne der Beteiligten zu einem einzigen Gehirn verbunden hätten, das für alle überraschende neue Erkenntnisse gewinnt. Das ist das Wunder der Kooperation: dass im lebendigen Austausch zwischen Menschen, im gemeinsamen Ringen um Lösungen, völlig Unerwartetes geschehen kann. In jedem echten, bewussten Gespräch von Mensch zu Mensch geschieht dieses Wunder. Denn oft ist es gerade der andere, manchmal dem unsrigen entgegengesetzte Standpunkt des Kollegen, der uns die Augen öffnet und inspiriert. Oft ist es die Anteilnahme am Tun der Kollegin, die unser eigenes Tun beflügelt. So oder so hat Goethe recht: Zusammenarbeit ist der sicherste Schlüssel zum Erfolg.

Sweetman's Garden Series: Selected Photographs Titel
Ken Griffiths Fotograf
1973 Jahr

Inspiration
Kooperation

Die Abbildungen zeigen die Fotoserie eines Jahres im Leben des Ehepaares Sweetman. Die Serie macht den Zusammenhang von Wetter, Vegetation und Kleidung mit der Jahreszeit sichtbar. Der üppige Blütenstand verweist auf die gemeinsame Gartenarbeit der bereits über 80-jährigen Eheleute. Mrs. Sweetman schaut im Januar aus dem Fenster, da sie krank war. Der neuseeländische Künstler Ken Griffiths (*1950) lebt seit 1969 in London und wurde dort 1971 Fotograf des Jahres.

Teile Deine Gedanken, die Dir wichtig sind, mit anderen unter www.zeit-wert-geben.de/kooperation

Werde, der du bist.

01
02
03
04
05
06
07
08
09
10
11
12
13 Idee
14 Mut
15 Entschuldigung
16 Spiel
17 Vertrauen
18 Kooperation
▸ 19 Werden
20 Reifen
21 Experiment
22 Potenzialentfaltung
23 Genuss
24 Sinn
25 Wille
26
27
28
29
30
31
32
33
34
35
36
37
38
39
40

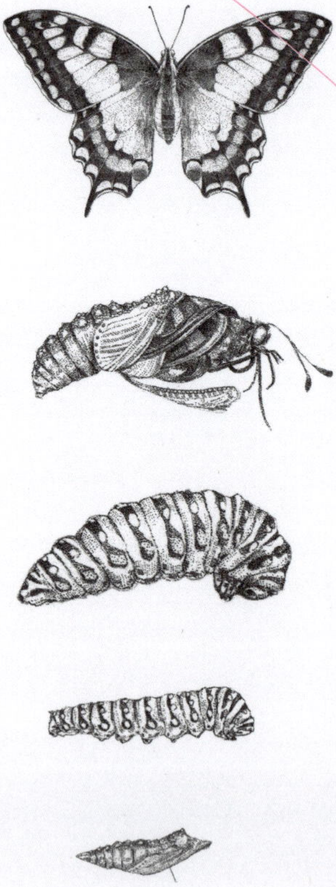

Impuls

Werden

Früher gab es im Fernsehen „Das heitere Beruferaten“ mit Robert Lembke. „Was bin ich?“ hieß diese Sendung, bei der man aufgrund einer „typischen Handbewegung“ erraten sollte, was einer ist; besser: Was einer macht – welcher Profession er nachgeht. Ja, wenn es doch auch bei der Frage „Wer bin ich?“ so einfach wäre! Hand aufs Herz: Können Sie sagen, wer Sie sind? Was Sie ganz persönlich ausmacht oder auszeichnet? Was Ihre Berufung und nicht nur Ihr Beruf ist? Worin Ihre Identität besteht? Die wenigsten Menschen können das. Und das macht nichts. Denn, wenn wir unserem Goethe folgen, dann müssen wir uns eingestehen, dass es so etwas wie eine fixe, endgültige Antwort auf die Frage „Wer bin ich?“ nicht geben kann. Weil wir, solange wir leben, niemals aufhören, unsere Identität zu bilden. Weil wir nie fertig sind und weil es nie und nirgends ein Muster, eine Blaupause, ein Drehbuch für unser Leben gibt, das wir nur getreulich verwirklichen oder umsetzen müssten, wenn wir dem Appell „Werde, der du bist!“ folgen wollen. Denn der Akzent dieses Wortes liegt auf dem Werden, nicht auf dem Sein. Goethe wollte sagen, dass wir nur dann zu uns finden, wenn wir uns dem Fluss des Lebens anvertrauen und offen für Neues bleiben; und dass wir uns nicht mit fixen Bildern identifizieren sollten, wenn wir lebendig bleiben wollen, weil der Zauber des Lebens gerade darin besteht, immer wieder neue Antworten auf die Frage „Wer bin ich?“ geben zu können.

Der Verwandlungsprozess eines Schmetterlings steht bildhaft für die Verwandlungskraft des Menschen: Geboren, um die Schönheit des geschenkten Lebens zu entfalten und mit Anmut in die Welt zu tragen.

Anleitung Origami-Schmetterling

1. Du hast ein viereckiges Origami-Papier vor Dir. Die farbige Seite des Blattes weist nach oben. Falte es zweimal mittig, sodass ein Kreuz sichtbar wird.

2. Wende das Blatt. Nun weist die helle Seite nach oben. Falte es zweimal diagonal.

3. Nun faltest Du ein Dreieck. Dabei führst Du den Verlauf der Kreuzfalzung zueinander, sodass sich die Kanten in der Mitte treffen.

4. Die farbige Seite des Blattes weist nach außen. Die Spitze zeigt nach oben. Nun faltest Du die obere Lage zum Viereck.

5. Wende das Blatt. Nun liegt das Viereck auf der Unterseite und die Spitze des Dreiecks weist nach unten.

6. Führe nun die Spitze des Dreiecks ein gutes Stück über die obere Kante hinaus. Achte dabei darauf, dass Du die Figur in der Mitte nicht platt drückst.

7. Falze das überlappende Dreieck an der oberen Kante und halte es fest. Nun siehst Du schon die Form des Schmetterlings.

8. Wende das Blatt, sodass die Seite mit dem Minidreieck an der Kante nach oben weist. Falte die Figur entlang der Mittellinie zusammen.

9. Nun können die Flügel vorsichtig auseinandergedrückt werden. Du hast einen wunderschönen, bunten Schmetterling in die Welt gebracht!

1.

2.

3.

4.

5.

6.

7.

8.

9.

01
02
03
04
05
06
07
08
09
10
11
12
13
14 Mut
15 Entschuldigung
16 Spiel
17 Vertrauen
18 Kooperation
19 Werden
▸ 20 Reifen
21 Experiment
22 Potenzialentfaltung
23 Genuss
24 Sinn
25 Wille
26 Künstler
27
28
29
30
31
32
33
34
35
36
37
38
39
40

Impuls

Reifen

Gärtner wissen das: Wenn eine Pflanze reifen und gedeihen soll, dann braucht sie ein geeignetes Klima und die passende Nahrung. Und sie braucht Herausforderungen, bei denen sie sich bewähren kann. Pflanzen, die nur im Treibhaus wachsen, halten keinen Winter aus. Menschen ebenso wenig. Auch sie brauchen ein geeignetes Klima, auch sie brauchen geistige, seelische und körperliche Nahrung, um reifen zu können. Und auch sie brauchen Herausforderungen, um zu innerer Größe und Schönheit zu gedeihen. Ein Klima der Überbehütung und Vormundschaft ist dabei nur hinderlich. Wer in Watte gepackt wird, kommt nicht voran. Nein, die zarten Pflänzchen unserer Seelen wollen sich dem Leben stellen, wollen ihre Fähigkeiten im Gegenüber zur Welt und den Menschen entwickeln. Und sie wollen gut genährt sein. Dafür gibt es, wenn wir dem Freiherrn vom Stein folgen, keinen besseren Dünger als das Zutrauen. „Du schaffst das schon!“ ist für das Reifen eines Menschen ein viel besserer Nährstoff als „Lass das lieber, das ist zu schwer!“ – jedenfalls dann, wenn die Sache nicht von vornherein aussichtslos erscheint. Das wichtigste Ziel von Erziehung und Bildung muss sein, Menschen ein stabiles Selbstwertgefühl zu geben. Denn das trägt durch ein ganzes Leben. Das aber setzt voraus, ihnen etwas zuzutrauen. Wer die Erfahrung macht, etwas zu schaffen, was andere ihm zutrauen, wird auch sich selbst und anderen etwas zutrauen und sich und andere zur Reife bringen.

Zutrauen
veredelt
den Menschen,
ewige Vormundschaft
hemmt
sein Reifen.

Du spürst Kraft in Dir, weil Menschen an Dich glauben. Stärke andere Menschen mit Deinem Zutrauen.

Inspiration
Reifen

Untitled Titel
Franz-Georg Stämmele Designer, Illustrator
2013 Jahr

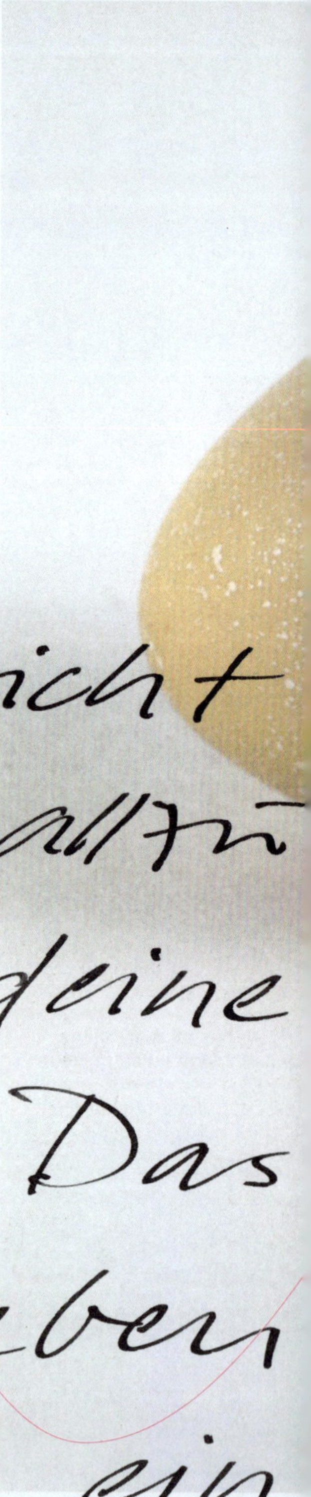

Sei nicht
allzu
Was deine
angeht. Das
Leben
ein

ängstlich,
Handlungen
ganze
ist
Experiment.

Impuls

Experiment

Immer wenn im Physikunterricht ein Experiment auf dem Lehrplan stand, wurde es spannend. Dann passte man ausnahmsweise auf, weil es ja sein konnte, dass die ganze Sache schiefgeht und irgendetwas Unvorhergesehenes geschieht. Das war dann zwar schlecht für den Lehrer, aber unterhaltsam für uns Schüler – die auf diese Weise unterm Strich sogar mehr lernten, als wenn der Versuch geglückt wäre. Denn eben darin liegt der Reiz eines Experimentes: Man macht sich seine Gedanken, sichert sich nach allen Seiten ab, sorgt dafür, dass niemand zu Schaden kommen kann. Und dann legt man los, ohne genau zu wissen, was am Ende herauskommt. Sicher ist nur, dass man dabei etwas gewinnt: eine Erkenntnis, eine Einsicht, eine Erfahrung. So gesehen, ist es gar nicht schlimm, wenn ein Experiment anders ausgeht, als man gedacht hat. Und deshalb gibt es auch keinen Grund, sich vor einem Experiment zu fürchten. Hat man sich das klargemacht, dann ist es eine verlockende Idee, das eigene Leben als ein Experiment zu deuten: weil uns das von dem Zwang befreit, alles immer richtig machen zu müssen. Weil wir dann nicht mehr ängstlich darauf bedacht sein müssen, bloß keine Fehler zu begehen. Und weil wir dann unserer Kreativität freien Lauf lassen und mutig Neues erproben können. Ganz nach dem Motto: Wer wagt, gewinnt. Denn tatsächlich gibt es nur einen Fehler, den wir begehen könnten: Nichts wagen, keine Experimente machen, kein Risiko eingehen.

Zeit für einen Umweg.
Parke Dein Auto auf halber Strecke
oder steig zwei Stationen früher
aus dem Bus. Geh den Rest zu Fuß
und erlebe Deinen Weg neu.

Meine Experimente und Entdeckungen:

01
02
03
04
05
06
07
08
09
10
11
12
13
14
15
16 Spiel
17 Vertrauen
18 Kooperation
19 Werden
20 Reifen
21 Experiment
▸ 22 Potenzialentfaltung
23 Genuss
24 Sinn
25 Wille
26 Künstler
27 Vernunft
28
29
30
31
32
33
34
35
36
37
38
39
40

Wenn jeder auf
seinem Platz
das Beste tut,
wird es in der Welt
bald besser
aussehen.

Impuls

Potenzialentfaltung

Der wunderbare schwedische Film „Wie im Himmel" erzählt die Geschichte des Star-Dirigenten Daniel, der nach einer Herzattacke in sein Heimatdorf zurückkehrt, um sich zu erholen. Daraus wird aber nichts, weil er sich dazu überreden lässt, den örtlichen Kirchenchor auf Vordermann zu bringen – was ihm nach einigen Anlaufschwierigkeiten auch gelingt. Schwierig ist das Ganze, weil die Sängerinnen und Sänger hoffnungslos zerstritten sind und einander das Leben zur Hölle machen. Mit Daniels Hilfe wird das anders: Er schaut sich seine Leute an, er hört auf ihre Stimmen – und zwar auf ihre ganz persönlichen, unverwechselbaren Stimmen. Und er bestärkt jeden und jede Einzelne darin, genau diese eigene Stimme einzubringen, stark zu machen. So bringt er diese einfachen Menschen dazu, mit ihrer Stimme, an ihrem Ort ihr Bestes zu geben. Und das Ergebnis ist: eine vollkommene Musik. Ob der katholische Sozialreformer Adolf Kolping auch an einen Chor dachte, als er sagte, die Welt könne besser werden, wenn jeder auf seinem Platz das Beste tut? Wer weiß. Doch scheint der Vergleich berechtigt. Denn was ist „die Welt" anderes als das Zusammenwirken vieler Menschen? Und warum sollte nicht auch im Großen gelten, was der Chor im Kleinen lehrt: Jeder kann am Ganzen mitwirken – in der Familie, bei der Arbeit, im Verein – egal wo. Wenn wir uns nur treu bleiben und bei unseren Aufgaben stets unser Bestes geben, dann werden alle davon profitieren.

ORGANIC

TEA
ICED TEAS
ADES

Du kannst backen, ein anderer kann gärtner

Inspiration

Potenzialentfaltung

Menschen wurden früher durch höhere Mächte in ihr Amt gerufen, in ihren Beruf, der als Talent und Potenzial galt. Bäcker besorgten Zutaten, kneteten Teig, schoben Brot und Gebäck in den Ofen und stellten sie fertig, zur Freude anderer. Ob Bäcker, Imker, Schneider, Gemüsebauer oder Käsehersteller: Wer seinen Beruf gemäß seinem Talent kreativ und engagiert ausübt, wird die Welt ein wenig besser machen. Das gilt auch jenseits des Berufs, wie beim Potholegardening von Steve Wheen, der Schlaglöcher durch gärtnerische Inszenierungen schließt.

ete Deine Fähigkeiten an und tausche sie mit anderen. Jetzt!

01
02
03
04
05
06
07
08
09
10
11
12
13
14
15
16
17 Vertrauen
18 Kooperation
19 Werden
20 Reifen
21 Experiment
22 Potenzialentfaltung
▸ 23 Genuss
24 Sinn
25 Wille
26 Künstler
27 Vernunft
28 Menschlichkeit
29 Lebenskunst
30
31
32
33
34
35
36
37
38
39
40

Daß uns eine Sache fehlt, sollte uns nicht davon abhalten, alles andere zu genießen.

Genieße ein schönes Essen, auch wenn du ohne Gesellschaft bist.

Impuls

Genuss

Jane Austen war eine mutige Frau. Denn zu ihrer Zeit gehörte es sich für eine Dame nicht, Romane zu schreiben. Sie tat es trotzdem und mit großem Erfolg. Dennoch fehlte ihr etwas – etwas, das sie ihren Romanheldinnen nicht vorenthielt. Ihr fehlte ein Ehemann. Trotzdem (oder gerade deshalb?) scheint sie ihr Leben genossen zu haben. Mehr noch: Sie scheint etwas von der Kunst des Genießens verstanden zu haben. Sonst hätte sie wohl nicht geraten, sich den Genuss nicht dadurch trüben zu lassen, dass etwas fehlt. Denn tatsächlich kann man nur dann etwas genießen, wenn man ganz bei der Sache ist. Wer ein Konzert hört und die Musik genießen will, sollte sich nicht ablenken lassen. Wer den Genuss eines guten Glases Wein erleben will, sollte es nicht achtlos runterkippen. Die Kunst des Genießens erfordert Präsenz, Achtsamkeit, Konzentration. Und darin ist kein Platz für Abschweifungen. Erst recht ist da kein Platz für Jammern und Klagen. Wem angesichts eines Sonnenunterganges am Strand nichts anderes einfällt, als dass ihm jetzt noch ein kühler Drink zum Glücke fehlt, hat sich den Genuss bereits verdorben. Genießen geht am besten gedankenlos: hingegeben an einen Anblick, eine Melodie, einen Geschmack. Selbstvergessen einfach nur da sein und wahrnehmen. Das aber kann man auch, wenn man allein ist. Manchmal sogar besser. So wie Jane Austen, die mutige Frau.

Der Kabeljau Titel
Heinz Erhardt Musiker, Komiker, Dichter
Unbekannt Jahr

Inspiration

Genuss

Lachen ist gesund, steckt an und setzt Energie frei. In lustigen geistreichen Gedichten, in der Gabe, aus Kleinem Großes zu machen – etwa durch eine unerwartete Geste aus eingepackten Butterbroten ein opulentes Mahl –, und in der Fähigkeit, sich selbst zum Lachen zu bringen, das andere ansteckt, liegt der Humor von Heinz Erhardt (1909–1979). Er war Musiker, Komiker und Dichter und spielte in Filmen oft den netten, verschämten und konfusen Menschen oder den typischen Deutschen der Wirtschaftswunderzeit.

52

Der Kabeljau

Das Meer ist weit, das Meer ist blau,
im Wasser schwimmt ein Kabeljau.
Da kömmt ein Hai von ungefähr,
ich glaub von links, ich weiß nicht mehr,
verschluckt den Fisch mit Haut und Haar,
das ist zwar traurig, aber wahr. –
Das Meer ist weit, das Meer ist blau,
im Wasser schwimmt kein Kabeljau.

Wer ein Warum
zu leben hat,
fast jedes

Inspiration
Sinn

Clouds Titel
Kyu Hwang Künstler
2012 Jahr

Impuls

Sinn

Seit einigen Jahren greift eine neue Epidemie um sich. Kontinuierlich steigt die Rate der erkrankten Menschen und es ist gar nicht abzusehen, wohin diese Entwicklung führen wird. Der Name der Krankheit ist Burn-out – und ihre Symptome sind das Gefühl totaler Erschöpfung, totaler Isolation, totaler Sinnlosigkeit. Wer unter Burn-out leidet, weiß nicht mehr, wofür er sich verausgabt. Er hat das Warum seines Lebens verloren. Und das macht krank. „Wer ein Warum zu leben hat, erträgt fast jedes Wie", lehrte der Philosoph Friedrich Nietzsche; und weist damit in die Richtung, aus der all denen Heilung erwächst, die unter dem Leben leiden: Sinn. Sinn ist ein Lebenselixier, eine Kraftquelle, eine Energieressource sondergleichen, die uns auch in schweren Stunden nahe ist: bei schwerer Krankheit etwa oder beim Verlust eines lieben Menschen; wenn einen das drückende Gefühl der Sinnlosigkeit beschleicht und kein „Warum" sich zeigen will. Selbst dann noch lässt sich Sinn erfahren. Und wenn das geschieht, erfüllt es uns mit neuer Kraft und neuem Mut. Einer, der das unter widrigsten Umständen erfahren hat, ist der Psychiater Viktor Frankl. Er erkannte die heilende Kraft des Sinns, die noch in scheinbar Kleinstem wohnt: in einem ermutigenden Wort, in einem Gedanken der Liebe, in einem Lächeln angesichts der aufgehenden Sonne. Wie ermutigend! Es gibt immer noch einen Grund „Ja" zu sagen. Auch wenn wir ihn nicht immer erkennen können: Wir sind von Sinn umgeben. Und wenn wir offenen Herzens um uns schauen, reicht er uns freundlich die Hand – auch wenn wir noch so erschöpft sind.

Freue Dich über Regen.

01
02
03
04
05
06
07
08
09
10
11
12
13
14
15
16
17
18
19 Werden
20 Reifen
21 Experiment
22 Potenzialentfaltung
23 Genuss
24 Sinn
▸ 25 Wille
26 Künstler
27 Vernunft
28 Menschlichkeit
29 Lebenskunst
30 Verantwortung
31 Individualität
32
33
34
35
36
37
38
39
40

Impuls

Wille

Ein Mann hatte einen starken Willen. Alle seine Kräfte und Energien bündelte er darauf, seine eigene Firma aufzubauen. Er hatte ein klares Bild vor Augen, das er verwirklichen wollte, und er glaubte fest daran, dass sein Vorhaben gelingen werde. Als er die ersten Rückschläge hinnehmen musste, ließ er sich nicht beirren. Er dachte: „Ich muss noch intensiver wollen, noch mehr Energie aufbringen." Denn er hatte gelesen, das ganze Universum werde ihm zur Hilfe eilen, wenn er sich die Verwirklichung seines Ziels nur stark genug wünsche. Der Plan ging nicht auf. Der Mann war verzweifelt. Sein Weltbild lag in Trümmern. Er hatte doch so sehr gewollt! Was hatte er falsch gemacht? Ella Fitzgerald, die Grande Dame des Jazz, hätte es ihm sagen können: Ihm fehlten Liebe und Inspiration. Er hatte sich etwas ausgedacht, er hatte eine fixe Idee, von deren Umsetzung er sich Ruhm, Ehre und Reichtum versprach. Es ging ihm nur um sich selbst, nicht um die Idee. Sein Plan war eine Kopfgeburt, kam nicht von Herzen. Er folgte nicht einer Eingebung, deren Wahrheit er gespürt hätte. Nein, er wollte etwas schaffen, was ihm von Nutzen sei – und hatte darüber vergessen zu fragen, was er zum Wohle der Gemeinschaft beisteuern könne. Es ist wohl wahr: Wenn eine Vision uns inspiriert, eine Idee unser Herz erfüllt – dann sollten wir ihr folgen; dann sollten wir unseren Willen auf sie richten. Dann können wir wirklich nicht scheitern. Weil dann nicht mehr wir selbst, sondern die Idee die treibende Kraft in uns ist.

Lass dich nicht davon abbringen,
was du unbedingt tun willst.
Wenn Liebe und Inspiration
vorhanden sind, kann es
nicht schiefgehen.

Inspiration

Wille

„Strandbeests" sind kinetische Objekte, die sich allein mithilfe von Windkraft bewegen. Gestalten wie aus Träumen. Skelettartige monströse Fabelwesen. Gehende Maschinen aus Plastikrohr, Kabelbindern, Nylonfäden und Klebeband. Koppelgetriebe wandeln geradlinige in kreisende Bewegung um. Der holländische Physiker und Künstler Theo Jansen (*1948) entwickelt seit 1990 seine Biester. Er erschafft die Struktur, die Steifheit und die Beweglichkeit der bis zu 9 Meter langen „Strandbeests" aus Plastikrohr.

Animaris Percipiere Primus Titel
Theo Jansen Künstler
2005 Jahr
Film auf: www.zeit-wert-geben.de/theojansen

2.

1.

Was ist Dir im letzten Jahr besonders gut gelungen.
Benenne Deine Top 5 - und erkunde, warum.

5.
4.
3.

01
02
03
04
05
06
07
08
09
10
11
12
13
14
15
16
17
18
19
20 Reifen
21 Experiment
22 Potenzialentfaltung
23 Genuss
24 Sinn
25 Wille
▸ 26 Künstler
27 Vernunft
28 Menschlichkeit
29 Lebenskunst
30 Verantwortung
31 Individualität
32 Traum
33
34
35
36
37
38
39
40

Jeder Mensch ist ein Künstler.

Was sind Deine Talente?

Impuls

Künstler

Der eine trällert beim Blumengießen ein Liedchen vor sich hin, die andere malt auf der Schreibtischunterlage kleine Bildchen, während sie mit dem Kunden telefoniert. Andere bauen Sandburgen oder erproben sich als Bildhauer, wenn das erste Winterweiß dazu einlädt, einen Schneemann zu bauen. Und unsere Kinder – na, die malen und tanzen und singen und formen ohnehin bei jeder sich bietenden Gelegenheit. Ob bewusst oder nicht: Irgendwie scheint es uns Menschen ein Bedürfnis zu sein, uns auszudrücken, mitzuteilen – in einer Melodie, einem Bild, einem Muster. Egal. In jedem und jeder steckt ein Künstler. Auch dann, wenn er nie einen Malkurs oder eine Musikschule besucht hat – von einer Kunstakademie ganz zu schweigen. Da liegt es nur nahe, dem großen Joseph Beuys zuzustimmen, der sagte, jeder Mensch sei ein Künstler. Denn es entspricht der Erfahrung, dass Menschen Lust und Freude daran haben, etwas zu gestalten, etwas Neues hervorzubringen, sich auszudrücken. Nur haben wir das oft vergessen. Beuys' Wort war deshalb wohl auch als Ermutigung gemeint. „Leute, erinnert euch!",wollte er sagen – erinnert euch an den Künstler, der in euch steckt, der etwas zeigen, singen, sagen will; der Freude am Gestalten hat; der mit spielerischer Leichtigkeit Neues schafft; der nicht bei allem fragt, was es euch bringt und welchen Nutzen ihr davon habt;
der zur tragenden Kraft eures Lebens werden und euch selbst zu seinem Kunstwerk machen will
und der euer Herz zum Hüpfen bringt, wenn ihr ihn nur machen lasst.

01
02
03
04
05
06
07
08
09
10
11
12
13
14
15
16
17
18
19
20
21 Experiment
22 Potenzialentfaltung
23 Genuss
24 Sinn
25 Wille
26 Künstler
▸ 27 Vernunft
28 Menschlichkeit
29 Lebenskunst
30 Verantwortung
31 Individualität
32 Traum
33 Zukunft
34
35
36
37
38
39
40

Der einzige vernünftige Mensch, den ich kenne, ist mein Schneider. Er nimmt jedes Mal NEU Maß, wenn er mich sieht.

3

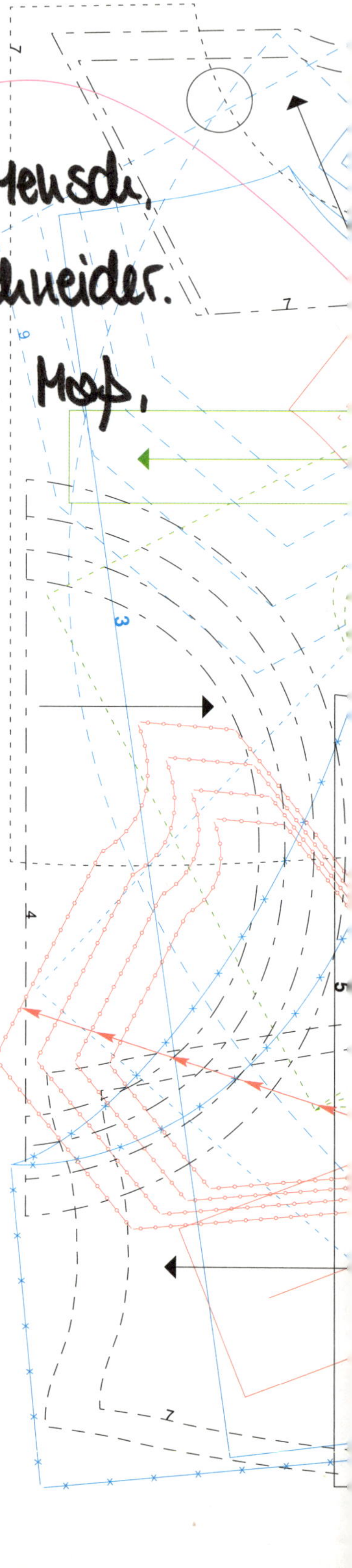

4 10

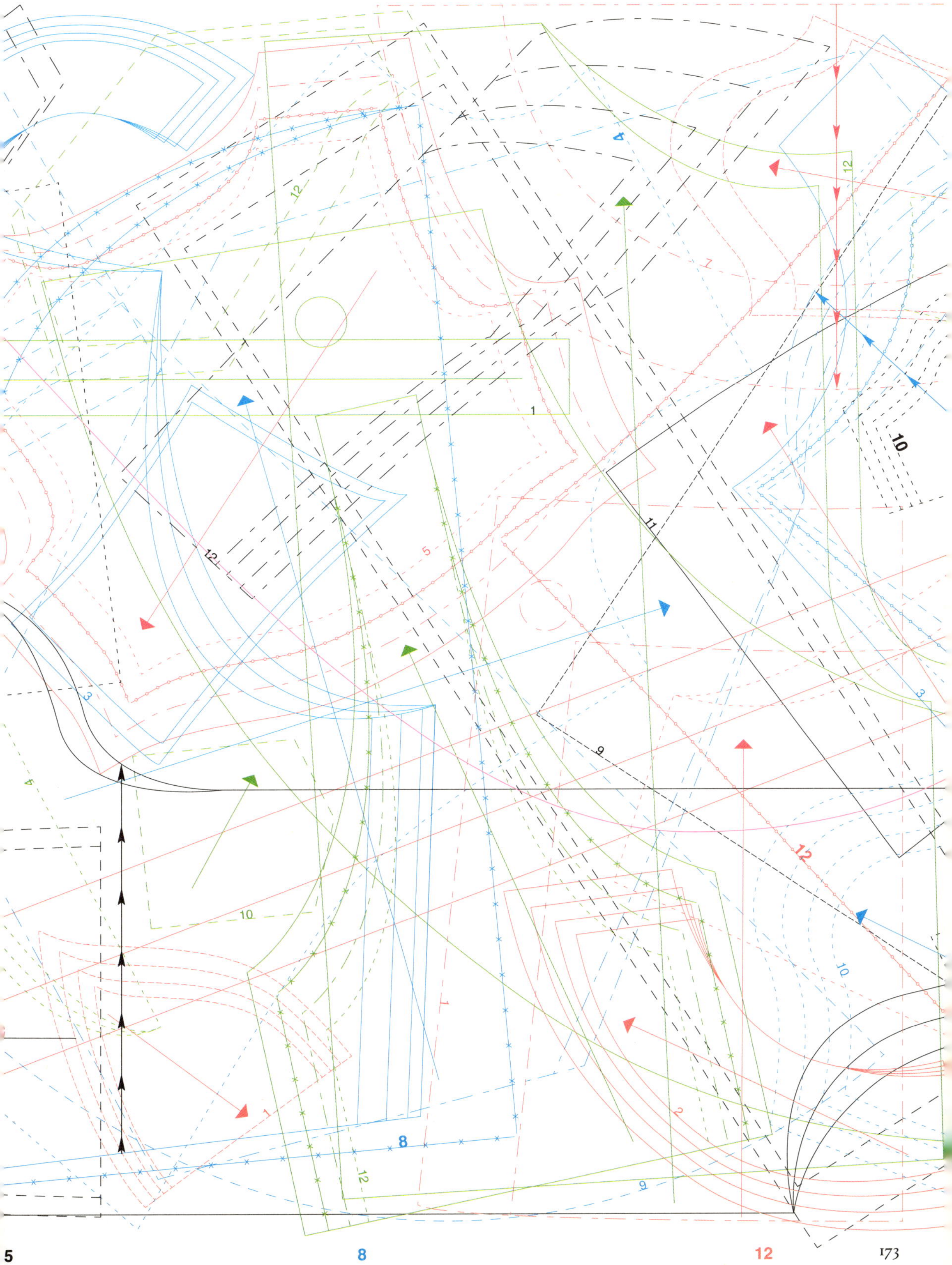

5 8 12

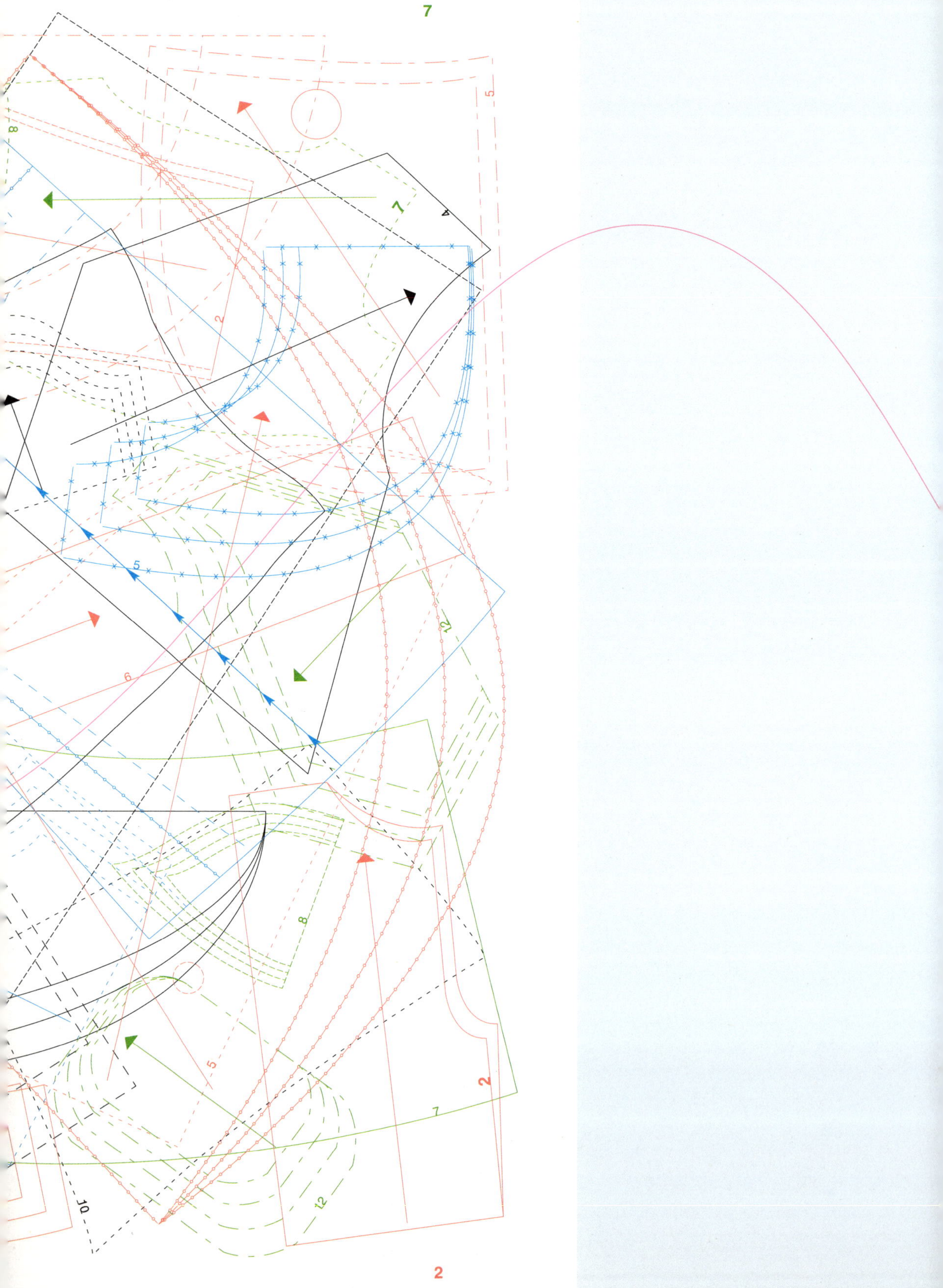
7
8
5
7
4
2
5
12
6
8
5
2
7
10
12
2

Impuls
Vernunft

Vernunft, so meinte der Philosoph Immanuel Kant, ist diejenige Instanz im Menschen, die es mit den ewigen Ideen, mit Wahrheit und zeitlosen Gesetzen zu tun hat. Vernunft – das ist die Brücke zum Reich des Geistes: das Höchste, wohin ein Mensch sich aufzuschwingen weiß. Tja, und da kommt nun George Bernard Shaw, Schriftsteller seines Zeichens, und behauptet: Von wegen Reich des Geistes, von wegen ewige Wahrheit – vernünftig ist mein Schneider, denn der fängt jedes Mal von vorn an, wenn er mich sieht. – Was hat das mit Vernunft zu tun? Ist dieser Schneider nicht eher etwas dumm, denn er hätte es doch viel leichter, wenn er nicht jedes Mal neu Maß nehmen würde? Nein, ist er nicht. Denn was heißt es, vernünftig zu sein? „Vernünftig“ kommt von „vernehmen“ – und „vernehmen“ heißt: genau hinsehen, aufmerken, achtsam sein. Shaws Schneider ist vernünftig, weil er jedes Mal, wenn sein Kunde kommt, neu hinschaut, neu Maß nimmt. Denn der Kunde ist dieses Mal nicht derselbe wie beim letzten Mal. Vielleicht ein bisschen mehr Speck auf den Rippen oder weniger Bauch um die Taille. Deshalb ist es vernünftig, jedes Mal neu darauf zu achten, was passt, was stimmt, was angemessen ist. Weil alles ständig im Fluss ist und alles dem Wandel der Zeit unterliegt. Vernunft bewährt sich, wo wir passende Antworten auf konkrete Fragen finden. Und wenn's nur die Frage ist: Welche Bluse steht mir heute? Welches Sakko zieh' ich an?

Der erste Eindruck, den wir von einem Menschen haben, prägt unsere Beziehung.

Notiere ein Erlebnis, wo sich dieser erste Eindruck im Verlauf der Bekanntschaft nicht bestätigt hat.

01
02
03
04
05
06
07
08
09
10
11
12
13
14
15
16
17
18
19
20
21
22 Potenzialentfaltung
23 Genuss
24 Sinn
25 Wille
26 Künstler
27 Vernunft
▸ 28 Menschlichkeit
29 Lebenskunst
30 Verantwortung
31 Individualität
32 Traum
33 Zukunft
34 Fortschritt
35
36
37
38
39
40

Ein Mensch
ohne Fehler
ist kein
vollkommener
Mensch.

adidas

Impuls

Menschlichkeit

Erinnern Sie sich noch an Zinédine Zidane? Weltfußballer, Franzose, ein Magier am Ball. Aber dann das Finale 2006 in Berlin, sein Abschiedsspiel. Verlängerung. Zidane steht kurz vor seinem zweiten WM-Titel, 109. Minute, der Ausraster. Mit einem Kopfstoß rammt er die Brust seines Gegenspielers – eines Italieners namens Materazzi. Rote Karte – der perfekte Fußballer hat einen perfekten Fehler gemacht. Platzverweis, Frankreich verliert. Aus und vorbei. Und trotzdem war er der Größte. Oder vielleicht gerade deshalb? Gerade weil er auch Fehler machte, weil die Leidenschaft des Spiels ihn zuweilen übermannte und weil er wunde Punkte hatte, an denen man ihn verletzen oder zur Weißglut bringen konnte? Ohne seine Schwächen und Fehler wäre Zidane wohl nie zum besten Fußballer der Welt geworden. Und auch wir würden ohne unsere Fehler und Schwächen nicht unser Potenzial entfalten können. Gerade da, wo wir am verletzbarsten und fehleranfälligsten sind, entwickeln wir oft die größte Energie. Schwachstellen können Kraftquellen sein. Sie treiben uns an und bringen uns voran. Sie sind ein Teil unserer Persönlichkeit. Das heißt nicht, dass wir nicht an ihnen arbeiten sollten. Gegenspieler umhauen ist keine Lösung und die rote Karte war berechtigt. Aber es heißt, dass wir uns wegen unserer Fehler nicht verurteilen sollten. Irren ist menschlich. Fehler gehören zu uns, Menschen sind nicht perfekt. Und es ist ein Zeichen von Menschlichkeit, menschliche Fehler anzuerkennen.

Überlege, wann Dir mal ein Fehler unterlaufen ist, der Dich im zweiten Schritt zu einer positiven Entwicklung geführt hat.

01
02
03
04
05
06
07
08
09
10
11
12
13
14
15
16
17
18
19
20
21
22
23 Genuss
24 Sinn
25 Wille
26 Künstler
27 Vernunft
28 Menschlichkeit
▸ 29 Lebenskunst
30 Verantwortung
31 Individualität
32 Traum
33 Zukunft
34 Fortschritt
35 Ökologie
36
37
38
39
40

Lebenskunst ist die Kunst des richtigen Weglassens.

Audrey Hepburn Titel
George Karger Fotograf
1952 Jahr

Inspiration

Lebenskunst

Ein kurzes, bis knapp über die Knie reichendes schwarzes Kleid in geradem, einfachem Schnitt erschien 1926 in der Vogue. Das Little Black Dress, das kleine Schwarze, war ein Skandal, da Schwarz bis dahin nur verheiratete und verwitwete Frauen trugen. Seine Erfinderin ist die französische Modedesignerin Gabrielle (Coco) Chanel (1883 - 1971), die Begründerin des Chanel-Imperiums. Bis heute hochaktuell, wird es immer wieder interpretiert und neu gestaltet, denn das kleine Schwarze ist ein kleines Mysterium.

Impuls

Lebenskunst

„Mir wird das alles zu viel!“ – Hand aufs Herz: Das haben Sie auch schon mal gedacht, oder? Und kennen Sie nicht auch diese unbändige Lust, die einen beim Ausmisten überkommt? Wenn man so richtig in Fahrt ist und die Altpapierkiste immer mehr anschwillt? Herrlich! Es tut so gut, sich von Dingen zu trennen, die man nicht braucht, Ballast abzuwerfen, Altlasten zu entsorgen; den Schreibtisch aufzuräumen oder den Wäscheschrank zu entschlacken. Apropos Wäscheschrank. Dass Lebenskunst eine Kunst des Weglassens ist, hat einst die Modeschöpferin Coco Chanel gesagt – sie, deren ästhetischem Genie wir die Erfindung des „kleinen Schwarzen“ verdanken: eines Kleidungsstückes, dessen Zauber in der Tat darin besteht, alles Überflüssige wegzulassen und sich aufs Wesentliche zu beschränken. Chic und elegant sieht’s aus, dieses Meisterstück der Schneiderkunst. Tja, und unser Leben – ist das auch chic und elegant? Oder ächzt es hier und da unter schweren Falten? Erdrückt von zu viel Stoff und Zierwerk? Beherrschen wir die Kunst des Weglassens? Nicht? Dann sollten wir es halten wie die Frau aus Fulda, die sich vornahm, täglich zehn ungenutzten, überflüssigen, lästigen Stücken ihres Haushalts Lebewohl zu sagen – und sich fortan jeden Tag leichter, lustiger und besser fühlte. Oder wie der Manager, der einfach den Mittwoch aus seinem Terminkalender strich und seither wieder gern zur Arbeit geht. „Weniger ist mehr“ ist ein Slogan, der nicht nur Designer inspiriert. Wem alles zu viel wird, tut gut daran, ihn zu beherzigen.

Trenne Dich diese Woche von drei Dingen, auf die Du verzichten kannst.

Freiheit ist nicht
Freiheit zu tun,
Sie ist die
das zu

01
02
03
04
05
06
07
08
09
10
11
12
13
14
15
16
17
18
19
20
21
22
23
24 Sinn
25 Wille
26 Künstler
27 Vernunft
28 Menschlichkeit
29 Lebenskunst
▸ 30 Verantwortung
31 Individualität
32 Traum
33 Zukunft
34 Fortschritt
35 Ökologie
36 Finden
37
38
39
40

was man will,
Verantwortung,
tun, was man
tun muss.

Impuls

Verantwortung

Bei den Eskimos gibt es eine schöne Kultur des Schenkens. Geschenke dienen dort nicht dazu, jemandem eine Freude zu machen. Ihr Sinn liegt vielmehr darin, dem Beschenkten einen Auftrag zu geben, ein Ziel, eine Richtung zu zeigen. Schenkt der Großvater seinem Enkel eine Gänsefeder, dann will er damit sagen: „Mein Junge, ich möchte, dass du fliegen lernst – ausdauernd, kraftvoll wie eine Schneegans deinen Weg durchs Leben gehst. Und weil ich weiß, dass du das kannst, gebe ich dir dieses Geschenk." Der Junge versteht das und nun liegt es an ihm, sich zu fragen, ob er dieses Geschenk annehmen kann. Ob er diese Aufgabe annehmen will, ob er willens ist, sich ihrer würdig zu erweisen. Er ist frei. Er kann das Geschenk auch ablehnen und sagen: „Nein, das kann ich nicht annehmen." Nimmt er es aber an, dann übernimmt er damit Verantwortung – eine Verantwortung, die darin besteht, seinem Großvater zu antworten. Nun muss er in all seinem Tun und Lassen zeigen, dass es ihm Ernst damit ist. Nicht, weil sein Großvater ihn gezwungen hätte, sondern weil er sich frei dafür entschieden hat, der Richtung zu folgen, die er ihm gewiesen hat. Freiheit ist so gesehen etwas ganz anderes als Willkür. Sie gründet im Annehmen eins Auftrags, im „Ja" zu dem Leben, das uns gegeben ist. Und sie zeigt sich am schönsten dort, wo wir uns dieser Gabe würdig erweisen.

Little Sun

Inspiration

Verantwortung

Da 1,6 Milliarden Menschen über keinen elektrischen Strom verfügen, haben der Künstler Olafur Eliasson und der Ingenieur Frederik Ottesen die Solarlampe „Little Sun“ entwickelt. Jeder Kauf dieser kleinen Lampe ist eine Investition in den Aufbau lokaler Vertriebsstrukturen in Gegenden ohne Stromversorgung. Zu regional angemessenen Preisen verkauft, spendet „Little Sun“ ökologisch erzeugtes Licht bei unterschiedlichsten Anlässen. Olafur Eliasson (*1967) realisiert Kunstwerke im öffentlichen Raum – wie die vier 40 Meter hohen Wasserfälle in New York.

Little Sun Titel
Olafur Eliasson Künstler
Frederik Ottesen Ingenieur
2012 Jahr

In jedermann
ist etwas Kostbares,
das in keinem
anderen ist.

Impuls

Individualität

Rund acht Milliarden Menschen leben derzeit auf der Erde. Und keiner ist dem anderen gleich. Es gibt nur Unikate – einzigartige, unverwechselbare Wesen. Bei den Tieren ist es nicht anders, sogar bei den Pflanzen. Das Leben liebt Einmaliges. Nichts, was lebt, kommt von der Stange. Die Natur kennt keine Serienproduktion. Stets erprobt sie neue Varianten und jede von ihr hervorgebrachte Gestalt hat einen unvergleichlichen Wert. Die lebendige Welt ist wie eine große Symphonie, in der jeder Ton wichtig, jedes Wesen kostbar ist. Auch Sie. Auch Ihre Nachbarin, auch Ihr Nachbar. Vielleicht fällt es uns manchmal schwer, diese Kostbarkeit wahrzunehmen. Wer kennt nicht die bohrenden Zweifel am eigenen Wert? Und doch steckt dieser Wert in uns wie eine Perle in der Muschel. Ihn zu entdecken, ist gar nicht so schwer. Wenn wir nur den Mut aufbringen, unser Eigenstes anzuerkennen, unsere Besonderheit ernst zu nehmen; wenn wir den Mut aufbringen, uns als Unikat zu sehen, als Sonderanfertigung und nicht als ein Serienprodukt. Und ebenso im Blick auf die anderen. Je mehr wir ihnen erlauben, sie selbst zu sein – mit allen Ecken und Kanten, mit allen Marotten und Macken –, desto eher werden wir das Einzigartige in ihnen erkennen; das, was sie unverwechselbar und den Umgang mit ihnen so köstlich macht.

Felina
8 Wochen

Jeder Mensch ist einzigartig. Entdecke im anderen, was an ihm unverwechselbar ist.

100 Jahre Titel
Hans-Peter Feldmann Fotograf
1999 Jahr

Inspiration

Individualität

Für jedes Lebensalter von null bis hundert steht das Foto eines Menschen. Das sind 101 Fotografien vom Säugling bis zum Alter von 100 Jahren. Eine neue Art, das bekannte Thema „Lebensalter" in der Kunst darzustellen. Die Modelle, die Hans-Peter Feldmann (*1941) für seine Bilderserie fotografiert hat, sind Verwandte und Bekannte. Auch sonst arbeitet er gern mit Naheliegendem: alltäglichen Gegenständen, Handlungen und Situationen. Seine Arbeiten bestehen aus vorgefundenen Dingen (Readymades), in die er künstlerisch eingreift.

01
02
03
04
05
06
07
08
09
10
11
12
13
14
15
16
17
18
19
20
21
22
23
24
25
26 Künstler
27 Vernunft
28 Menschlichkeit
29 Lebenskunst
30 Verantwortung
31 Individualität
▸ 32 Traum
33 Zukunft
34 Fortschritt
35 Ökologie
36 Finden
37 Wachsamkeit
38
39
40

I have a dream.

Inspiration

Traum

Orbit Titel
Leah Yerpe Künstlerin
2008 Jahr

Impuls

Traum

Der Dichter Friedrich Hölderlin träumte gern. „O, ein Gott ist der Mensch, wenn er träumt", notierte er einst voll glühender Inbrunst – und fuhr dann fort, „ein Bettler, wenn er nachdenkt." Träumen – ein göttliches Geschäft? Was meinte der Dichter wohl damit? Nun, es waren nicht die Träume der Nacht, die er im Sinn hatte, als er den Träumer zum Gott erklärte. Es waren die Träume des wachen Verstands, die Visionen und Eingebungen, die Menschen im Herzen tragen; die sie sich nicht ausdenken, sondern die ihnen zufallen. Und denen zu folgen schon manchen dazu brachte, weit über die eigenen Grenzen hinaus zu wachsen, etwas Neues zu schaffen. Einer, der hier genannt werden muss, ist Martin Luther King – der Bürgerrechtler, dessen unermüdlichem Kampf für die Rechte der Farbigen das Ende der Apartheid in den USA zu verdanken ist. Er berief sich auf einen Traum – und aus einem Traum zog er die Kraft für seinen Kampf: „Ich habe einen Traum, dass meine vier kleinen Kinder eines Tages in einer Nation leben werden, in der sie nicht wegen der Farbe ihrer Haut, sondern nach dem Wesen ihres Charakters beurteilt werden", sagte er vor mehr als 250.000 Menschen in seiner berühmten Rede vom 28. August 1963 in Washington. Das hat ihn nicht gleich zum Gott werden lassen, aber es hat ihn unsterblich gemacht. Denn mit diesen Worten hat er die Welt zum Besseren verändert. Er hat an seinen Traum geglaubt und er hatte den Mut, öffentlich für ihn einzutreten. Das macht ihn für alle Zeiten zum Vorbild. Für jeden von uns. Denn jeder von uns hat seinen Traum. Und jeder kann die Welt verändern – zum Guten.

Male Deine Träume!

01
02
03
04
05
06
07
08
09
10
11
12
13
14
15
16
17
18
19
20
21
22
23
24
25
26
27 Vernunft
28 Menschlichkeit
29 Lebenskunst
30 Verantwortung
31 Individualität
32 Traum
▸ 33 Zukunft
34 Fortschritt
35 Ökologie
36 Finden
37 Wachsamkeit
38 Verbundenheit
39 Sehnsucht
40

Wenn einer
allein träumt,
ist es nur ein Traum.
Wenn viele gemeinsam
träumen, ist das
der Anfang einer
neuen Wirklichkeit.

Mit-Träumer suchen und finden unter www.zeit-wert-geben.de

Ortlose Topologie Titel
Christoph Maurer Designer, Medienwissenschaftler
2013 Jahr

Impuls
Zukunft

Warum demonstrieren Menschen? Warum gehen sie auf die Straße, wenn sie sich mit den bestehenden Verhältnissen nicht länger abfinden wollen? Um ihre Meinung zu bekunden? Um Zoff zu machen? – Nein, es geht noch um mehr. Es geht auch darum, sich zusammenzutun, aus der Isolation zu kommen. Als in Leipzig die Menschen zu den Montagsdemonstrationen zogen, da kamen sie vor allem, weil sie erfahren wollten, dass sie nicht allein sind; und weil sie zeigen wollten, dass sie viele sind. Sie teilten einen Traum – den Traum von Freiheit, den Traum vom Rechtsstaat. Und ihr Traum ging in Erfüllung. Weil sie ihn gemeinsam träumten und gemeinsam zu ihm standen. Weil ein Feld der Resonanz zwischen ihnen entstand, das ungeahnte Energien freisetzte. Und weil sie auf diese Weise mächtig wurden – mächtiger als ein maroder Staat mit all seinen Waffen und Spitzeln. Eine neue Wirklichkeit begann. Nur funktioniert das leider nicht immer. Der Traum eines neuen und freien Ägyptens, der die Menschen auf Kairos Tahrirplatz zusammenbrachte, ging nicht in Erfüllung – noch nicht. Manchmal ist die Macht der alten Wirklichkeit zu groß. Aber das sollte niemanden davon abhalten, zu träumen und für seine Träume auf die Straße zu gehen, Mit-Träumer zu suchen. Auch wenn es keine Garantie dafür gibt, dass Träume dann in Erfüllung gehen, steht doch eines fest: Solange wir nicht gemeinsam träumen, wird sich gar nichts ändern.

Inspiration
Zukunft

Gekrümmte farbige Linien überlagern sich netzartig auf einer Ebene. Sie bilden ein dichtes Zentrum aus langen starken und eine Peripherie aus kurzen dünnen Linien. Die grafische Darstellung ist das Computerdesign eines Netzwerkes aus IP-Adressen. Computer, die Daten per Internet versenden, müssen über eine eindeutige Adresse verfügen: das internet-protocol (IP). Der Medienwissenschaftler und Computational Designer Christoph Maurer (*1977) analysiert Verbindungsstrukturen des Internets, um das Netz zu verstehen und anschaulich zu machen. Die Grafik ist eine Netzstruktur moderner Kommunikation.

01
02
03
04
05
06
07
08
09
10
11
12
13
14
15
16
17
18
19
20
21
22
23
24
25
26
27
28 Menschlichkeit
29 Lebenskunst
30 Verantwortung
31 Individualität
32 Traum
33 Zukunft
▸ 34 Fortschritt
35 Ökologie
36 Finden
37 Wachsamkeit
38 Verbundenheit
39 Sehnsucht
40 Denken

Wo kämen wir hin,
wenn jeder sagte,
wo kämen wir hin
und keiner ginge,
um zu sehen,
wohin wir kämen,
wenn wir gingen.

N.W.
N.O.
W
O
S.W.
S.O.
S

Occidens
ARCHIPELAGO
INSULARUM
MOLUCCARUM
Nova descriptio
Meridies
TIMOR alijs MOTIR
POTTEBACKERS
EYLANDT
Nassau
MACHIAN
Taffaso
Tabillola
Mauritius
Nabaca
BACHIAN
GILOLO
AMSTELODAMI,
Apud Ioannem Ianssonium.
Oriens

Inspiration
Fortschritt

Map of the Molucca Islands Titel
Johannes Janssonius Kartograf, Verleger
1636 Jahr

Impuls

Fortschritt

Die Physiker kennen das Gesetz der Trägheit: Feste Körper bewegen sich ungern vom Fleck. Man muss einige Energie aufwenden, um sie von der Stelle zu kriegen. Jeder, der schon mal ein kaputtes Auto anschieben musste, weiß das. Manchmal scheint es, dass sich das Gesetz der Trägheit auch auf Menschen übertragen lässt: Wer andere in Bewegung setzen will, muss ihnen Raum zur Entwicklung geben, muss sie einladen und inspirieren, sodass sie sich selbst zum Aufbruch motivieren. Vor allem muss er die Bedenkenträger umstimmen – die Bremser und die Vorsichtigen; diejenigen, die sich vor jedem Aufbruch dreimal versichern, dass alle Sicherheitsvorkehrungen getroffen wurden. Und die trotzdem am liebsten daheim blieben. Den mutigen und forschen Köpfen sind solche Typen lästig. Sie wollen zu neuen Ufern aufbrechen. Sie brennen vor Ungeduld. Tja, wer hat recht? Die Antwort lautet: beide. Denn beide braucht man. Deshalb ist es so gut, im Team zu arbeiten. Dort sind die Rollen meistens gut verteilt: hier der Kühne, da der Bremser. Recht so. Wenn jeder nur Bedenken trägt, kommt keiner von der Stelle. Fortschritt wird unmöglich. Wenn alle bedenkenlos durchstarten, können sie sich leicht verrennen. Deshalb braucht es zu einem guten Fortkommen immer beide Seiten. So wie neulich beim Sonntagsausflug. Morgens schon regnete es. Die Mutter sagte: Lass uns den Ausflug verschieben. Der Vater wollte trotzdem gleich losmarschieren. Die Kinder waren ratlos. Zuletzt einigte man sich darauf, bis mittags zu warten. Da kam die Sonne raus.

Vieles ist möglich. Tu etwas, das Dich richtig Überwindung kostet – und beobachte, wie Du Dich damit fühlst.

01
02
03
04
05
06
07
08
09
10
11
12
13
14
15
16
17
18
19
20
21
22
23
24
25
26
27
28
29 Lebenskunst
30 Verantwortung
31 Individualität
32 Traum
33 Zukunft
34 Fortschritt
▸ 35 Ökologie
36 Finden
37 Wachsamkeit
38 Verbundenheit
39 Sehnsucht
40 Denken

Inspiration
Ökologie

Black & White Big ‚Foot' line drawing Titel
Damien Weighill Illustrator
2005 Jahr

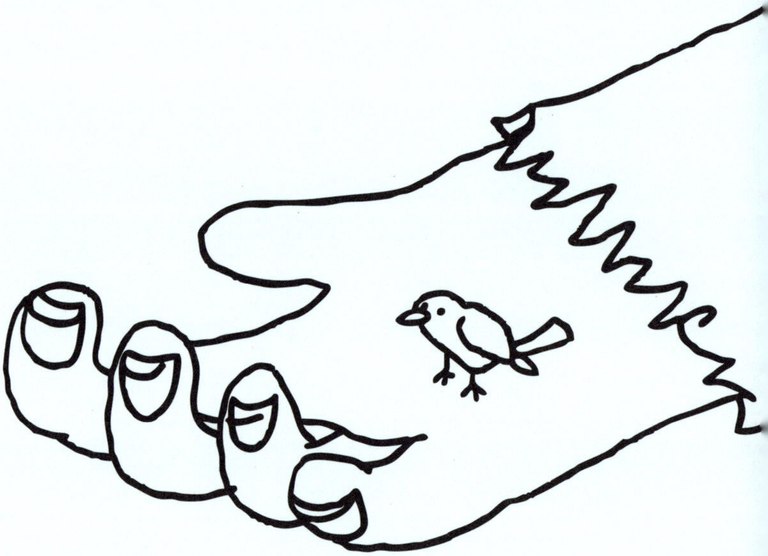

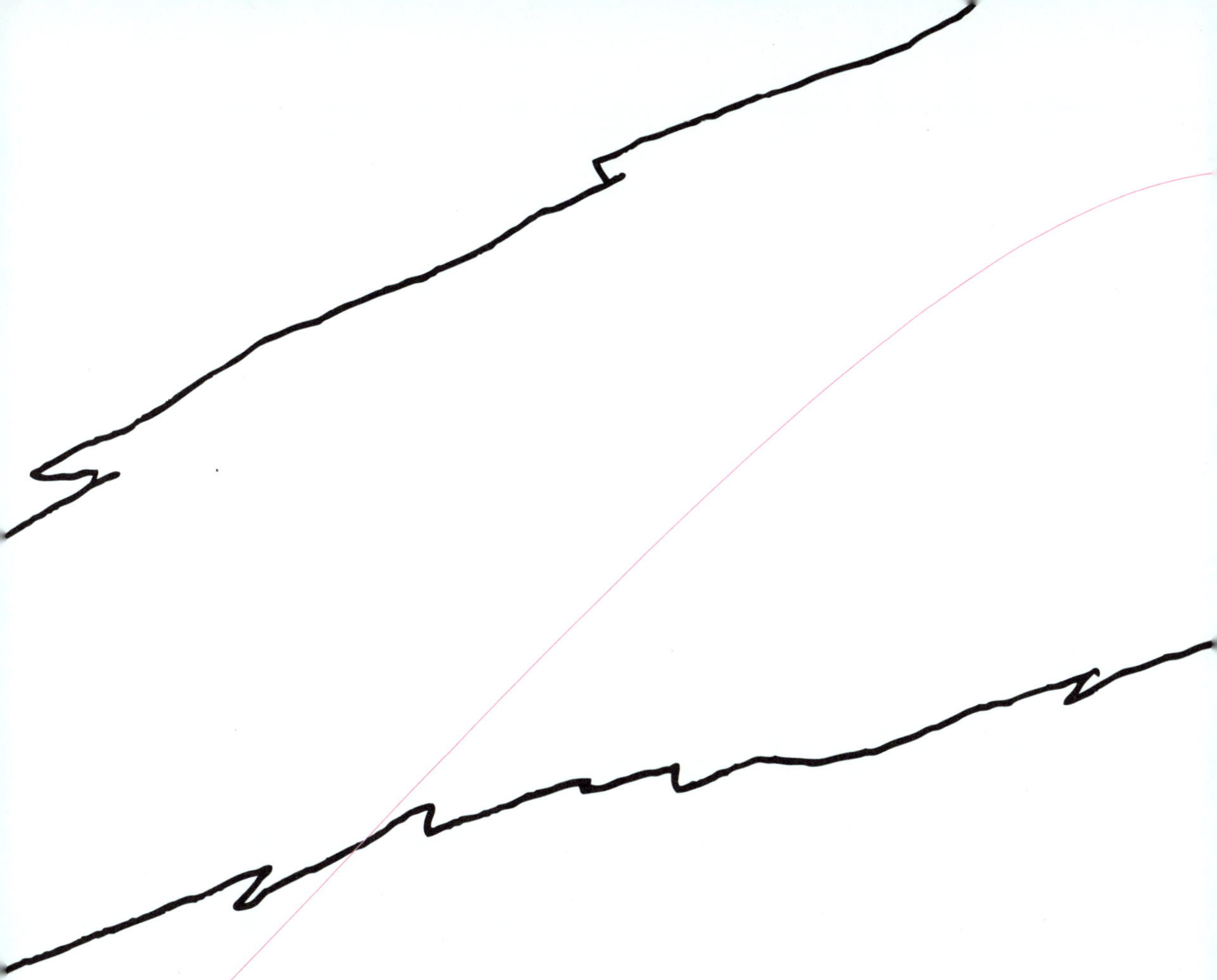

OHNE EHRFURCHT
VOR DEM LEBEN
HAT DIE MENSCHHEIT
KEINE ZUKUNFT.

Impuls
Ökologie

Das feine Gerippe eines Blattes, die filigrane Schönheit eines Schmetterlings, der feine Duft einer Kirschblüte, die mächtige Schwanzflosse eines Blauwals, das komplexe Netzwerk des menschlichen Gehirns, die Milliarden intelligenter Funktionen, die jede einzelne Zelle in jeder Sekunde vollführt. Es ist unfassbar. Das Wunder des Lebens gebietet Ehrfurcht. Und je tiefer die Forscher in es eintauchen, desto ehrfurchtsvoller staunen sie. Denn egal, wohin sie blicken, überall sehen sie Intelligenz, überall finden sie Sinn: Alles, was lebt, sucht den Einklang. Alles, was lebt, strebt nach Balance. Längst schon ist bekannt, dass in der Evolution nicht diejenigen bestehen, deren Krallen am schärfsten und deren Kiefer am kräftigsten sind. Nein, es sind diejenigen, die sich am besten ins Spiel des Lebens einzubringen wissen, die mitspielen in der großen Symphonie der Natur. Das Leben gleicht einer Melodie, bei der alles mit allem zusammenstimmt. Das zu begreifen und zu verinnerlichen, tut uns Menschen der Gegenwart gut. Anzuerkennen, dass das Leben größer ist als wir – und dass es buchstäblich notwendig ist, uns ihm gemäß zu verhalten: das Maß zu halten, die Balance zu wahren – statt maßlos die Natur zu plündern oder vermessen die Gene zu manipulieren. Die Ehrfurcht vor dem Leben gebietet, im Einklang mit der Natur zu leben. Damit können Sie heute noch anfangen: durch bewussten Konsum, durch ressourcenschonendes Verhalten, durch Überprüfen Ihrer Lebensgewohnheiten. Und dadurch, dass Sie hin und wieder ein Blatt betrachten oder an einer Blüte riechen. Damit die Ehrfurcht Sie nie verlässt.

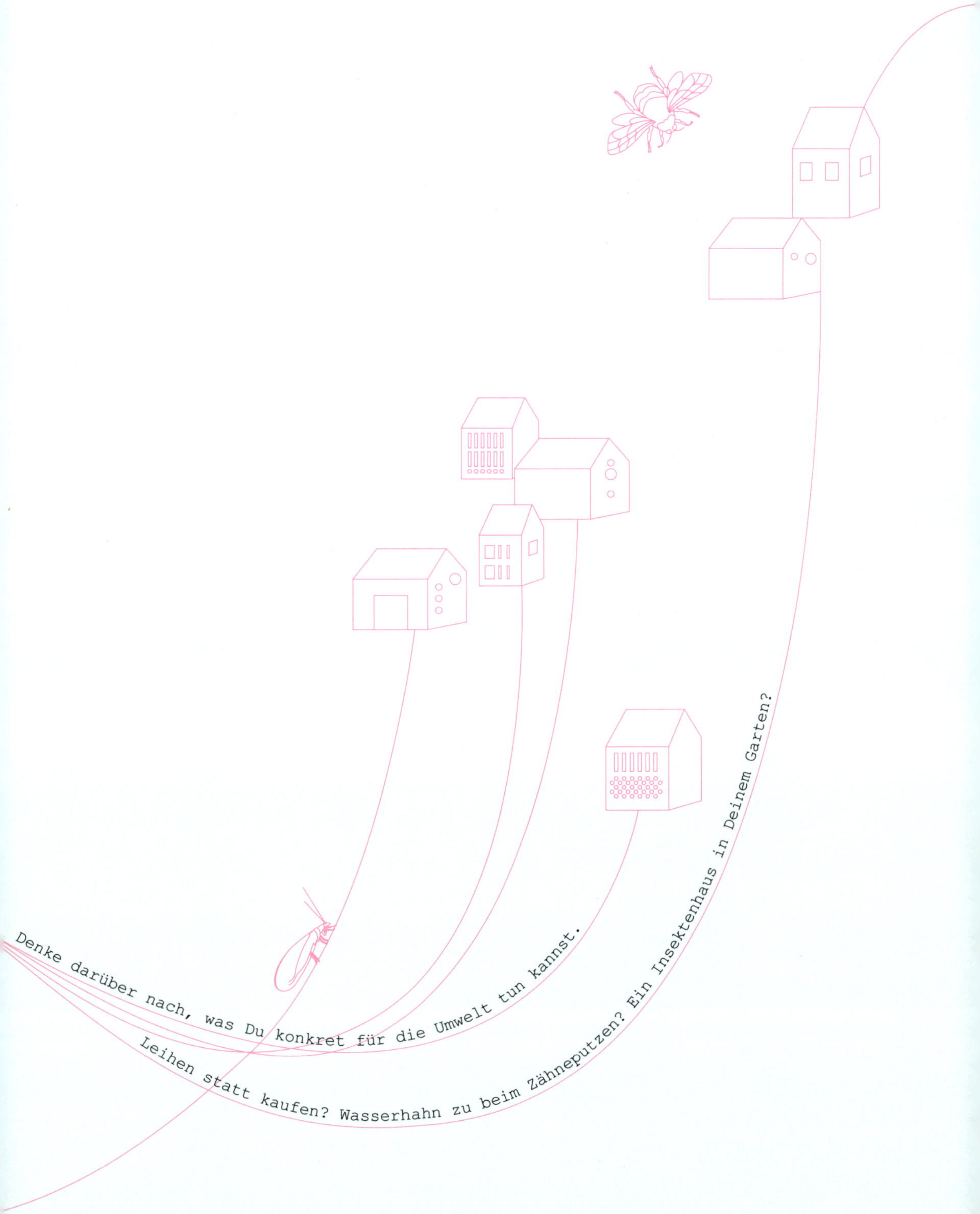
Denke darüber nach, was Du konkret für die Umwelt tun kannst.
Leihen statt kaufen? Wasserhahn zu beim Zähneputzen? Ein Insektenhaus in Deinem Garten?

Suchst du dich
selbst,
so suche draußen
in der Welt.
Suchst du die Welt,
so suche
in dir selbst.

01
02
03
04
05
06
07
08
09
10
11
12
13
14
15
16
17
18
19
20
21
22
23
24
25
26
27
28
29
30 Verantwortung
31 Individualität
32 Traum
33 Zukunft
34 Fortschritt
35 Ökologie
▸ 36 Finden
37 Wachsamkeit
38 Verbundenheit
39 Sehnsucht
40 Denken

Impuls
Finden

Kennen Sie auch diese Tage, an denen Sie nicht mehr so recht wissen, wer Sie eigentlich sind, an denen Ihnen das Gesicht im Spiegel merkwürdig fremd vorkommt? Was machen Sie dann? Wie finden Sie eine Antwort auf die abgründige Frage „Wer bin ich?“ Rudolf Steiner, der Begründer der Anthroposophie, spricht eine überraschende Empfehlung aus: „Vergrab dich nicht im Inneren! Verlier dich nicht im Tiefseetauchen. Nein, geh vor die Tür ‚such‘ draußen in der Welt!“ – Warum? – Weil die Welt ein Spiegel ist. Weil die Welt Ihnen, wenn Sie nur achtsam genug um sich schauen, ganz viel von Ihnen verrät. Durch die Menschen, die Sie lieben; durch die Tiere, die Sie mögen; durch die Weise, wie Sie handeln. Alles fällt auf Sie zurück – auf Ihre heimlichen Wünsche und Sehnsüchte, Ihre Hoffnungen und Ängste. In einem achtsamen Gespräch mit der Welt enthüllt sich das Geheimnis unseres Lebens. Deswegen lohnt es sich, immer wieder offenen Herzens der Welt zu begegnen. Genauso lohnt es sich aber auch, zuweilen den Blick nach innen zu richten; etwa dann, wenn Sie die Welt nicht mehr verstehen; wenn es da draußen nur noch absurd zugeht. Blicken Sie dann in Ihre Seele, werden Sie vielleicht fündig. Denn all die Kämpfe und Konflikte, all der Irrsinn, all der Streit – das alles gibt es auch in Ihnen. Was für eine sonderbare Entsprechung. Eines spiegelt sich im anderen. Oder wie schon Goethe sagte: „Nichts ist drinnen, nichts ist draußen; denn was innen, das ist außen.“

Inspiration

Finden

Narciso Titel
Carolina Raquel Antich Künstlerin
2006 Jahr

Hast Du Dich heute geärgert? Mache Dir klar, was dieser Ärger mit Dir selbst zu tun hat.

Seien Sie von
all Ihren Körperteilen am
wachsamsten gegenüber
Ihrem Zeigefinger,
denn er ist tadelwütig.

Inspiration
Wachsamkeit

Untitled (head, yellow hand) Titel
Ryan Mendoza Künstler
2004 Jahr

Impuls

Wachsamkeit

Wo liegt eigentlich das Problem? Warum soll man andere nicht tadeln? Wenn einer Mist gebaut hat, dann soll man das doch auch aussprechen. Da wäre es doch geradezu unverantwortlich, den Missetäter nicht zurechtzuweisen und ins Gebet zu nehmen. – Das stimmt. Kritik ist gut. Zumindest, wenn sie berechtigt ist. Nicht gut aber ist es, andere zu verurteilen. Das Wort verrät, warum: Wer andere verurteilt, vollzieht eine Teilung, eine Ur-Teilung. Er teilt sich ab von dem Getadelten und zerstört damit die Verbindung. Ist die Verbindung aber unterbrochen, erreicht er den anderen nicht mehr. Das Gespräch bricht ab und beide verstummen. Das ist nicht gut, denn wo nur noch Schweigen lastet, geht es nicht mehr vorwärts. So verspielt man die Chance, aus einem Fehler oder Irrtum zu lernen und es beim nächsten Mal besser – tadellos – zu machen. Tadeln heißt andere fixieren, sie auf oder an ihren Fehlern oder Mängeln festnageln. Konstruktive Kritik ist etwas anderes: Sie spricht sich aus, weil sie verändern will; weil sie einen Menschen einladen will, aus dem Geschehenen zu lernen und aus Einsicht Konsequenzen zu ziehen. Deshalb brauchen konstruktive Kritiker auch nicht den gehobenen Zeigefinger. Sie reichen stattdessen die Hand.

Schau

e viele Finger auf Dich zeigen, wenn Du Deinen Zeigefinger urteilend ausstreckst.

Bedenke,

dass die beste

Beziehung die ist,

in der jeder Partner

den anderen mehr liebt

als braucht.

Schreibe eine Liebesbotschaft.

01
02
03
04
05
06
07
08
09
10
11
12
13
14
15
16
17
18
19
20
21
22
23
24
25
26
27
28
29
30
31
32
33 Zukunft
34 Fortschritt
35 Ökologie
36 Finden
37 Wachsamkeit
▸ 38 Verbundenheit
39 Sehnsucht
40 Denken

Impuls

Verbundenheit

„Die Liebe“, sagte einst der Philosoph Platon, „ist eine Kraft, die alles mit allem verbindet.“ Liebende wissen sich deshalb verbunden. Und mehr noch: Sie sind einander verbindlich. Sie bedeuten einander unendlich viel und nie fiele es einem Liebenden ein, sich von der Geliebten zu trennen. Fällt es ihm doch ein, dann ist das ein Zeichen dafür, dass er nicht mehr in der Liebe ist. Liebende fühlen ihre Verbindung. Sie nehmen sie an wie ein Geschenk und sie feiern sie in ihrem Miteinander – in ihren Partnerschaften, in ihrem Schlafzimmer, in ihren Kindern. So jedenfalls sollte es sein. Und so wird es sein, wenn die Liebe echt ist und gereift. Anders aber ist es, wenn eine Beziehung nicht von Liebe lebt; wenn sie ihre Kraft nicht aus dem Überschuss der Begeisterung schöpft, sondern aus der Not der Bedürftigkeit. Dann sind wir mit unseren Partnern nicht zusammen, weil sie uns inspirieren, beglücken, anfeuern und verzaubern – sondern weil wir sie brauchen, uns ohne sie verloren fühlen oder einsam. Dann wird die Beziehung zur Not-Wendigkeit. Und dann verliert sie ihre Freiheit. Zugegeben: In der Realität kommen solche Extreme selten vor. Die meisten Beziehungen und Partnerschaften sind Mischformen. Bedürftigkeit und Begeisterung spielen darin zusammen. Und das ist völlig okay. Doch im Laufe des Lebens sollten wir immer freier und bedürfnisloser werden – die Liebsten nicht mehr brauchen, sondern lieben; sie von der Kette unserer Bedürfnisse nehmen und sie darin unterstützen, ihren Weg zu gehen. So entsteht die reife Liebe – und mit ihr Vertrauen und Verlässlichkeit.

Johann Wolfgang von Goethe
1749–1832

Charlotte von Stein
1742–1827

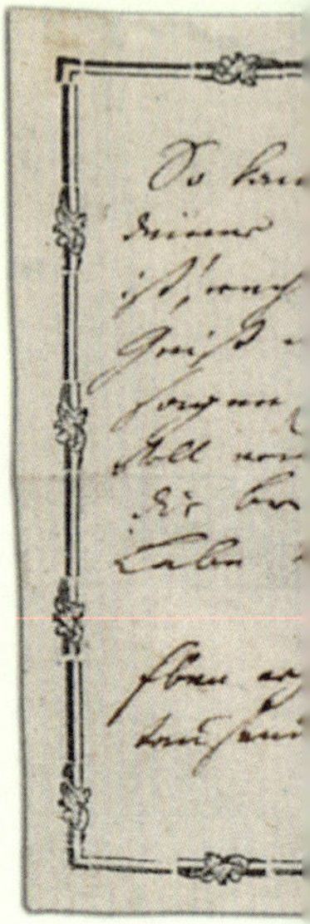

Inspiration

Verbundenheit

Briefe von Goethe an Charlotte von Stein im Jahr 1783

01
So kann ich denn endlich den Morgen wieder in deiner Nähe begrüssen. Wie schön die Sonne ist! recht so freundlich und fröhlich wie mein Geist in deiner Liebe. Ich kann dir nichts sagen, ich kann dir nicht dancken. Sehnsuchtsvoll erwart' ich die Stunde die mich wieder zu dir bringt. Schicke mir mein Angebinde. Lebe tausendmal wohl.

1783
[Weimar, Sonnabend 4. Januar]

02
Wenn dir nur dein Wesen selbst so wohlthätig wäre als es mir ist. Heute früh schrieb ich an meinem Stücke. Diesen Abend um sechse bin ich bey dir. Morgen trinckst du entweder Kaffee oder Thee bey mir, Nachdem ich den Schöpsenbraten mit dir verzehrt habe. Deine Mährgen* träum ich wachend und schlafend sie sind das einzige was mir noch von irrdischen Dingen den Kopf verrückt. Adieu beste. Liebe mich, ich lebe in dir.

1783
[Sonnabend 1. März]

03
Es fehlte mir zum schönen Morgen nur ein Wort von dir. Nach eilfen will ich kommen, und mich mit dir des schönen Wetters freuen. Ich bin am Zeichnen, und hoffe ein recht schönes Rähmgen** und eine recht liebe Geliebte zu finden.

1783
[Sonntag 26. Januar]

* Mährgen: Fantasievorstellung, Produkt der Imagination
** Rähmgen: Konkrete Einrahmung einer Zeichnung

01

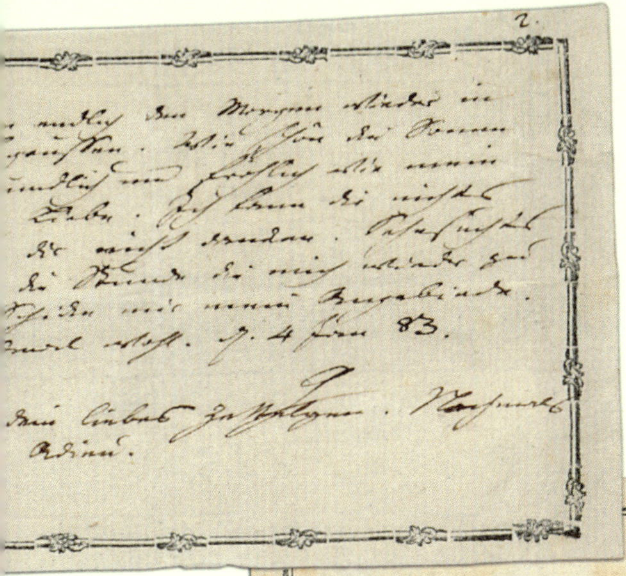

02

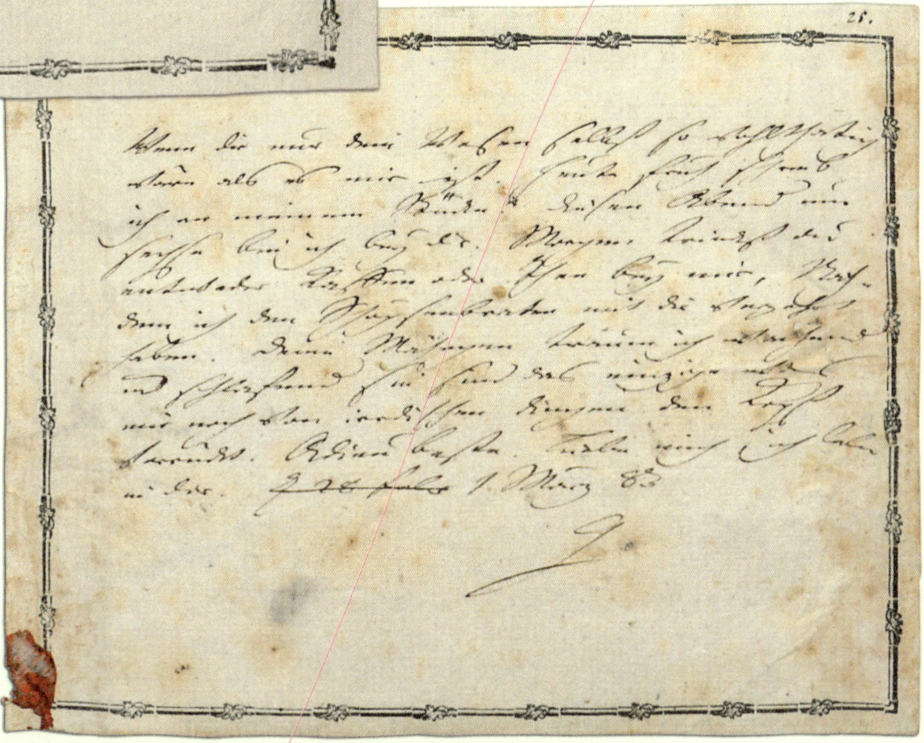

03

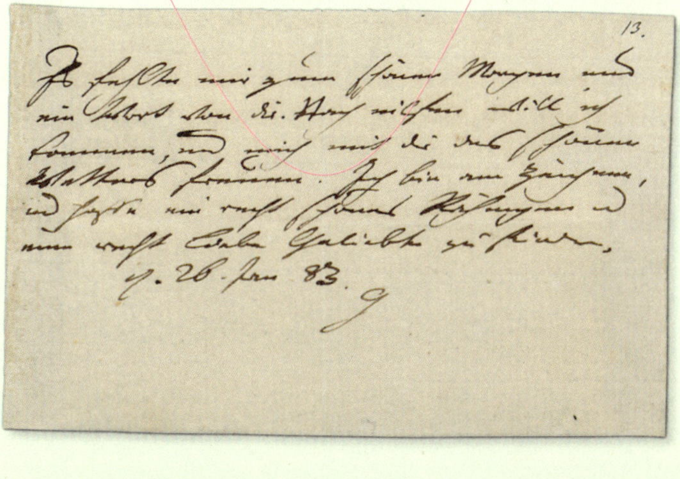

Jeder Mensch kommt mit einem vorprogrammierten Gehirn zur Welt. Vorprogrammiert durch zwei wichtige Erfahrungen, die im Mutterleib gemacht wurden, nämlich erstens: die Verbundenheit mit etwas, das größer ist als er selbst, zweitens das Wachsen hin zur Freiheit. Jeder Mensch hat ab seiner Geburt bis auf dem Todesbett die Sehnsucht, diese beiden im Mutterleib gemachten Erfahrungen so oft wie möglich zu wiederholen.

Impuls

Sehnsucht

Eines der schönsten romantischen Gedichte trägt den Titel „Sehnsucht". Es stammt von Joseph von Eichendorff und erzählt von einem Mann, der an einem Sommerabend am offenen Fenster steht und in die Ferne schaut. Da erschallt ein Posthorn – und da packt ihn die Sehnsucht: „Das Herz mir im Leib entbrennte, da hab ich mir heimlich gedacht: Ach, wer da mitreisen könnte, in der prächtigen Sommernacht!" So denkt er und so fühlt er. Und bleibt doch daheim. So sind wir Menschen – hin- und hergerissen zwischen zwei großen Sehnsüchten, die uns von Mutterleibe an begleiten: Wir sehnen uns nach Ferne und Freiheit, nach Aufbruch und Abenteuer. Und wir sehnen uns nach Nähe und Heimat, nach Bindung und Bleibe. Die einen mehr dies, die anderen mehr das. Wie dieser Konflikt sich lösen lässt? Das muss jeder für sich herausfinden. Wichtiger aber ist, ihn überhaupt wahrzunehmen und anzuerkennen. Sich zuzugestehen, dass diese zwei Impulse in uns mächtig sind. Und sie auch anderen zugestehen – besonders dann, wenn es daheim mal wieder knirscht und Er den Ruf der Weite hört, doch Sie den Sog der Heimat fühlt. Oder umgekehrt. Dann haben beide recht und tun gut daran, einen für beide gangbaren Weg zu finden. Und ebenso, wenn dieser Konflikt in der eigenen Seele aufbricht: Eine Stimme in Ihnen sagt: „Du musst gehen!" Die andere sagt: „Bleib!" Da gibt es keine einfache Lösung. Da gibt es nur Vertrauen. Vertrauen in die Weisheit des Herzens, die uns letztlich Weisung gibt. Denn dort sitzt unser klügster Kompass. Dort, wo die Sehnsucht entsteht, dort wissen wir auch, welcher Richtung wir folgen müssen.

Part of universe Titel
Daehyun Kim Designer
2011 Jahr

Inspiration

Sehnsucht

In „Part of universe" erscheint das Firmament als Decke. Die Unterschenkel der sitzenden Figur erzeugen ein Gebirge auf dem Firmament, ebenso wie eine andere zugedeckt liegende Figur, deren Gesicht der Mond ist. Daehyun Kim (*1980), auch als Moonassi bekannt, ist ein südkoreanischer Grafikdesigner. Er lebt in Seoul und Wien und malt und zeichnet in der ostasiatischen Tradition. In seinen minimalistischen Schwarz-Weiß-Arbeiten thematisiert er Kommunikation und Identität, Gefühle und die Existenz.

Traue Deinem Herzen, denn es ist Dein Kompass.

Die Welt entsteht
durch das Denken
jeden Tag neu.

01
02
03
04
05
06
07
08
09
10
11
12
13
14
15
16
17
18
19
20
21
22
23
24
25
26
27
28
29
30
31
32
33
34 Fortschritt
35 Ökologie
36 Finden
37 Wachsamkeit
38 Verbundenheit
39 Sehnsucht
▸ 40 Denken

Tangram

Nimm die Schere und
bau Dir Dein kleines
Wunder.

Das uralte chinesische Legespiel Tangram wird auch „Siebenschlau“ genannt. Die sieben geometrischen Formen (zwei große Dreiecke, ein mittleres Dreieck, zwei kleine Dreiecke, ein Quadrat und ein Parallelogramm) entstammen einem Quadrat. Du kannst sie so aneinanderlegen, dass sie schattenrissartig die kleinen Wunder dieser Welt abbilden: Türme, Tiere, Tänzer – was Du willst. Du siehst, Du denkst, Du legst.

Legende

Zur Entstehung dieses Legespiels gibt es eine wunderschöne Legende. Ein Mönch übergab seinem Schüler eine Keramiktafel und schickte ihn in die Welt hinaus: „Entdecke den Ursprung von Vielfalt und Schönheit, male ihn auf diese Tafel und bringe sie zurück."
Der Schüler ging auf Entdeckungsreise und erlebte die Welt. Allerdings kam er nicht zum Malen, denn die Tafel zerbrach ihm in sieben Teile.

Tagelang versuchte er, die Tafel wieder zu einem Viereck zusammenzufügen – es wollte nicht gelingen. Dabei entdeckte er, dass er mit den sieben Teilen all jene Schönheiten legen konnte, die er auf seinem Weg bewundert hatte: die Wolke am Himmel, die Katze auf der Lauer, den Tänzer am Feuer.

Mit den sieben Scherben kehrte er zu seinem Meister zurück und sagte: „In diesen sieben Teilen liegt das Wesen dessen, was es draußen in der Welt zu entdecken gibt." Und der Meister erkannte darin den Ursprung von Schönheit und Vielfalt.

Impuls

Denken

Neununddreißig gute Gedanken haben Sie nun gelesen. Da liegt es nahe, den vierzigsten dem Denken selbst zu widmen, genauer: der Kraft des Denkens. Denn diese Kraft ist sehr viel stärker, als man glaubt; ja, diese Kraft vermag die Welt zu ändern. Gedanken sind die Keimzellen des Wandels. Haben sie sich einmal bei uns eingenistet, beginnen sie, unsere Handlungen zu prägen. Und dann unser Verhalten. Vielleicht achten wir mehr auf uns, vielleicht gehen wir bewusster mit unseren Mitmenschen um, sorgsamer mit unserer Umwelt. Über kurz oder lang wird unser Tun zur Keimzelle einer neuen Welt. Zumal dann, wenn wir nicht alleine sind; wenn andere unsere Gedanken teilen und sie in sich wachsen lassen – oder wenn wir die Gedanken anderer teilen und sie in uns weiterdenken, fortspinnen. Das sollten wir uns immer wieder klarmachen. Und auf die Kraft unserer Gedanken bauen. Ja, wir können die Welt besser machen! Ja, lassen Sie uns gute Gedanken in die Welt tragen. Lassen Sie uns mutig sein, die ausgetretenen Pfade unseres Denkens verlassen und geistiges Neuland betreten. Dann entsteht Zukunft, dann pulsiert das Leben. Dann entsteht eine neue Welt.

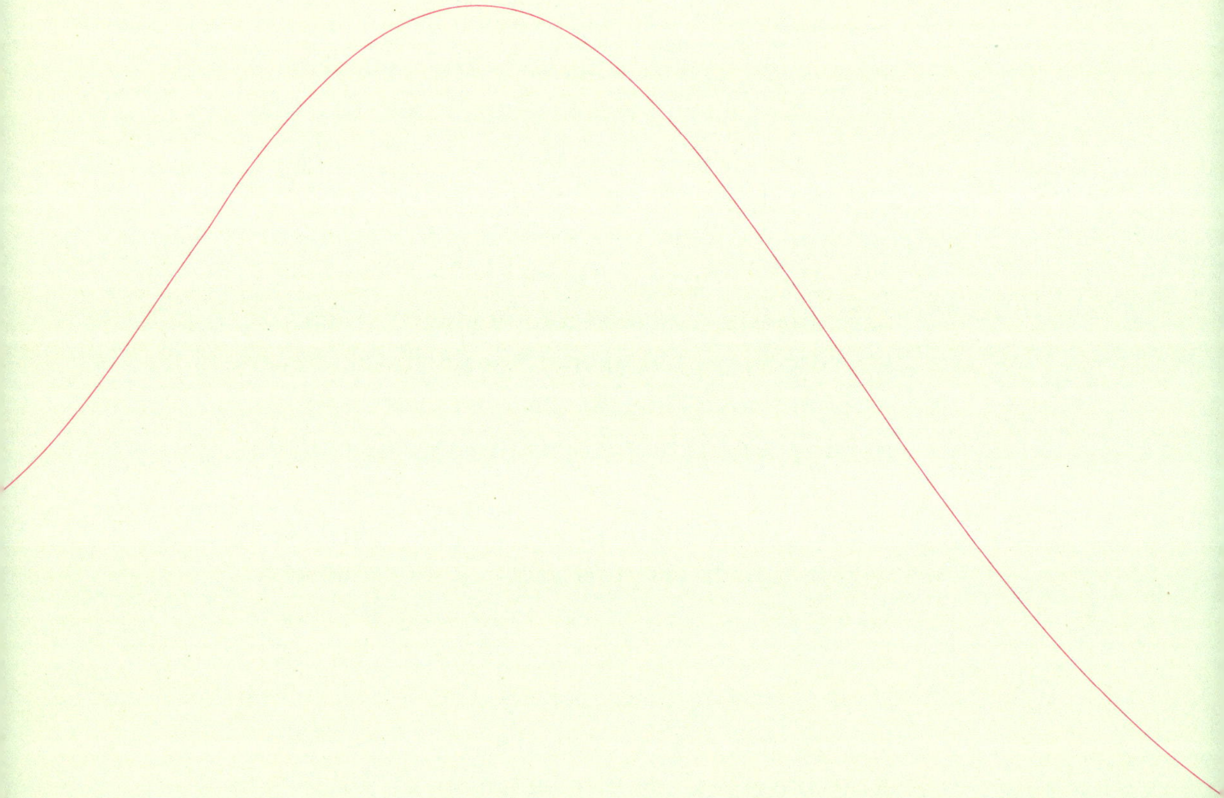

Entdecke mich.
Jetzt kommst DU …

Nicht die Glücklichen sind dankbar. Es sind die Dankbaren, die glücklich sind.

Francis Bacon

Viele verschiedene Menschen mit unterschiedlichen Talenten haben in einem guten Teamgeist zusammengearbeitet mit einem klaren Ziel vor Augen: dem optimalen Ergebnis. Diesem Team gilt es nun zu danken:

- dem Philosoph, Autor, Publizist und leidenschaftlichen Sinnstifter Christoph Quarch dafür, dass er die 40 Gedanken zu Impulsen ausgeschmückt hat

- Danijela Djokic, Martin Grothmaak und Theresa Brandau von Projekttriangle Design Studio, die dieses Buch kompetent und mit viel Herzblut und Ideenreichtum konzipiert und gestaltet haben

- dem Kulturwissenschaftler Hajo Eickhoff für seine Beschreibung der Epochen und für seine Erläuterungen

- Cornelia Kurreck für das Ersinnen vieler Anstiftungen

- Herbert Arthen von Arthen Kommunikation für das Teilen seines profunden Wissens und das Hegen und Pflegen der Wurzeln der dm-Kultur

- Simon Umbreit von weitclick dafür, dass er immer wieder einfühlsam und respektvoll Geschaffenes hinterfragt und mit Kreativität und Ideenreichtum optimiert hat

- Jan Teunen von Teunen Konzepte für die Grundkonzeption des Buches und für die Kuratierung dieses Projektes

- Bärbel Ulrich von dm für das Zutrauen in die beteiligten Menschen und das Bereichern mit eigenen Impulsen

- Natalie Juraic von dm für die Leidenschaft und Professionalität in der Begleitung des Projektes von der ersten Idee bis zur Fertigstellung.

Wir danken den Handschriftenverfassern:

Ian Briggs | 01 Glück
Tanja Leonhardt | 02 Staunen
Petra Schäfer | 03 Achtsamkeit
Patricia Pagel | 04 Geist
Cattleya Rothenburg | 05 Demut
Michael Schipper | 06 Lernen
Katharina Schlipf | 07 Liebe
Bettina Jung-Rößler | 08 Handeln
Melanie Wicker | 09 Balance
Stefanie Weigele | 10 Pflege
Cristina Barth Frazzetta | 11 Zeit
Franz-Georg Stämmele | 12 Konzentration
Gordian Baur | 13 Idee
Danijela Djokic | 14 Mut
Eva-Maria Stämmele | 15 Entschuldigung
Juliane Siegel | 16 Spiel
Eva Herz | 17 Vertrauen
Hans Stämmele | 18 Kooperation
Christine Lentze | 19 Werden
Dorine de Vos | 20 Reifen
Werner Schulz | 21 Experiment
Christoph Lay | 22 Potenzialentfaltung
Scott Wilms | 23 Genuss
Florian Niethammer | 24 Sinn
Christoph Quarch | 25 Wille
Rosali Thomas | 26 Künstler
Svenja Kuhl | 27 Vernunft
Julia Gross | 28 Menschlichkeit
Lucia Bischoff | 29 Lebenskunst
Annie Schneider | 30 Verantwortung
Karoline Bock | 31 Individualität
Jutta Stüber | 32 Traum
Theresa Brandau | 33 Zukunft
Katja Tutte | 34 Fortschritt
Anton Juraic | 35 Ökologie
Marion Pfister | 36 Finden
Julia Wolf | 37 Wachsamkeit
Kathinka Kirschner | 38 Verbundenheit
Jürgen Späth | 39 Sehnsucht
Femke Loria | 40 Denken

Wir danken:

den Künstlern, Illustratoren, Zeichnern, Modemachern, Wissenschaftlern, Pionieren bzw. deren Rechtsnachfolgern für ihre Großzügigkeit, uns zu erlauben, ihre Werke als inspirierende Illustrationen zu verwenden.

Wir danken auch allen anderen, die in irgendeiner Form zur Entstehung des Buches beigetragen haben.

Zu guter Letzt:

Das ganze Buch wäre nicht zustande gekommen ohne die großen Persönlichkeiten der Zeitgeschichte. Ihre guten Gedanken bilden den Kern dieses Buches.

01 Glück | Marc Aurel
„Das Glück deines Lebens hängt von der Beschaffenheit deiner Gedanken ab."

02 Staunen | Platon
„Das Staunen ist der Anfang der Erkenntnis."

03 Achtsamkeit | Sokrates
„Bevor du den Mund auftust, solltest du deine Gedanken erst durch drei Siebe geben: erstens das Sieb der Wahrheit, zweitens das Sieb der Güte, drittens das Sieb des Nutzens."

04 Geist | Euripides
„Auf den Geist muss man schauen. Denn was nützt ein schöner Körper, wenn in ihm nicht eine schöne Seele wohnt."

05 Demut | Sokrates
„Ich weiß, dass ich nichts weiß."

06 Lernen | Seneca
„Eine weise Lebensführung gelingt keinem Menschen durch Zufall. Man muss, solange man lebt, lernen, wie man leben soll."

07 Liebe | Thomas von Aquin
„Das, was wir aus Liebe tun, tun wir im höchsten Grade freiwillig."

08 Handeln | Dante Alighieri
„Der eine wartet, dass die Zeit sich wandelt.
Der andere packt sie kräftig an ... und handelt."

09 Balance | Hildegard von Bingen
„Die Seele liebt in allen Dingen das diskrete Maß. Deshalb soll sich der Mensch in allen Dingen selbst das rechte Maß auferlegen."

10 Pflege | Teresa von Avila
„Man muss dem Körper Gutes tun, damit die Seele Lust hat, darin zu wohnen."

11 Zeit | William Shakespeare
„Es ruht noch manches im Schoß der Zeit, das zur Geburt will."

12 Konzentration | Michel de Montaigne
„Wenn ich tanze, tanze ich. Und wenn ich schlafe, schlafe ich."

13 Idee | Victor Hugo
„Die mächtigste Kraft der Welt ist eine Idee, deren Zeit gekommen ist."

14 Mut | Immanuel Kant
„Wage zu denken."

15 Entschuldigung | Georg Christoph Lichtenberg
„Ehe man tadelt, sollte man immer erst versuchen, ob man nicht entschuldigen kann."

16 Spiel | Friedrich Schiller
„Der Mensch ist nur da ganz Mensch, wo er spielt." (gekürzte Fassung)

17 Vertrauen | Matthias Claudius
„Die größte Ehre, die man einem Menschen antun kann, ist die, dass man zu ihm Vertrauen hat."

18 Kooperation | Johann Wolfgang von Goethe
„Es ist nicht gut, dass der Mensch alleine sei, und besonders nicht, dass er alleine arbeite; vielmehr bedarf er der Teilnahme und Anregung, wenn etwas gelingen soll."

19 Werden | Johann Wolfgang von Goethe
„Werde, der du bist."

20 Reifen | Heinrich Friedrich Karl Freiherr vom und zum Stein
„Zutrauen veredelt den Menschen, ewige Vormundschaft hemmt sein Reifen."

21 Experiment | Ralph Waldo Emerson
„Sei nicht allzu ängstlich, was deine Handlungen angeht. Das ganze Leben ist ein Experiment."

22 Potenzialentfaltung | Adolph Kolping
„Wenn jeder auf seinem Platz das Beste tut, wird es in der Welt bald besser aussehen."

23 Genuss | Jane Austen
„Daß uns eine Sache fehlt, sollte uns nicht davon abhalten, alles andere zu genießen."

24 Sinn | Friedrich Nietzsche
„Wer ein Warum zu leben hat, erträgt fast jedes Wie."

25 Wille | Ella Fitzgerald
„Lass dich nicht davon abbringen, was du unbedingt tun willst. Wenn Liebe und Inspiration vorhanden sind, kann es nicht schiefgehen."

26 Künstler | Joseph Beuys
„Jeder Mensch ist ein Künstler."

27 Vernunft | George Bernard Shaw
„Der einzige vernünftige Mensch, den ich kenne, ist mein Schneider. Er nimmt jedes Mal NEU Maß, wenn er mich sieht."

28 Menschlichkeit | Alfred Polgar
„Ein Mensch ohne Fehler ist kein vollkommener Mensch."

29 Lebenskunst | Coco Chanel
„Lebenskunst ist die Kunst des richtigen Weglassens."

30 Verantwortung | Yehudi Menuhin
„Freiheit ist nicht Freiheit zu tun, was man will; sie ist die Verantwortung, das zu tun, was man tun muss."

31 Individualität | Martin Buber
„In jedermann ist etwas Kostbares, das in keinem anderen ist."

32 Traum | Martin Luther King jr.
„I have a dream"

33 Zukunft | Hélder Câmara
„Wenn einer allein träumt, ist es nur ein Traum. Wenn viele gemeinsam träumen, ist das der Anfang einer neuen Wirklichkeit."

34 Fortschritt | Kurt Marti
„Wo kämen wir hin, wenn jeder sagte, wo kämen wir hin und keiner ginge, um zu sehen, wohin wir kämen, wenn wir gingen."

35 Ökologie | Albert Schweitzer
„Ohne Ehrfurcht vor dem Leben hat die Menschheit keine Zukunft."

36 Finden | Rudolf Steiner
„Suchst du dich selbst, so suche draußen in der Welt. Suchst du die Welt, so suche in dir selbst."

37 Wachsamkeit | Joseph Brodsky
„Seien Sie von all Ihren Körperteilen am wachsamsten gegenüber Ihrem Zeigefinger, denn er ist tadelwütig."

38 Verbundenheit | Dalai Lama
„Bedenke, dass die beste Beziehung die ist, in der jeder Partner den anderen mehr liebt als braucht."

39 Sehnsucht | Gerald Hüther
„Jeder Mensch kommt mit einem vorprogrammierten Gehirn zur Welt. Vorprogrammiert durch zwei wichtige Erfahrungen, die im Mutterleib gemacht wurden, nämlich erstens: die Verbundenheit mit etwas, das größer ist als er selbst, zweitens das Wachsen hin zur Freiheit. Jeder Mensch hat ab seiner Geburt bis auf dem Todesbett die Sehnsucht, diese beiden im Mutterleib gemachten Erfahrungen so oft wie möglich zu wiederholen."

40 Denken | Hajo Eickhoff
„Die Welt entsteht durch das Denken jeden Tag neu."

Seite

21 - 23
„Colors of the wind"
René & Radka, 2011
© René & Radka
www.reneradka.com

28 - 29
„Milky Way and Zodiacal Light"
Stéphane Vetter, 2012
© Stéphane Vetter
www.nuitsacrees.fr

29 - 31
„Kunstformen aus dem Meer, Tafel XXXIV"
Ernst Haeckel, 1862
© Ernst-Haeckel-Archiv, FSU Jena

35
„rosa damascena - 108 pfund rosenblüten"
Zisterzienserkloster Bebenhausen,
Baden-Württemberg
herman de vries, 2003
© herman de vries
Foto: Peter Neumann

36
„aschen vom eschenauer sonnwendfeuer"
herman de vries, 2001
© herman de vries

36 - 37
„108 livres de fleurs de lavande / 108 pfund lavendelblumen"
royal botanic garden, edinburgh, 1992
dahinter 6 × phalaris arundinacea / glanzrohrgras,
herman de vries, 1985
© herman de vries

41
„Geist und Bewusstsein"
Robert Fludd, 1617
© mauritius images / United Archives

42 - 43
Rainbow Peacock
© Ocean / Corbis

48 - 49
„Stille Berge, Bristen"
Michael Schnabel, 2003
© Michael Schnabel
www.michaelschnabel.com

53 - 55
„Perlboot"
Franz-Georg Stämmele, 2013
© Projekttriangle Design Studio
www.projekttriangle.com

62 - 63
„Mutter und Kind"
(Detail aus „Die drei Lebensalter der Frau")
Gustav Klimt, 1905
© mauritius images / United Archives

64 - 65, 68 - 69
„Plug-in Hand"
Kiki Kogelnik, 1968
© Kiki Kogelnik Foundation, Wien / New York

70 - 71
„Hydrangea Exploded 01"
Fong Qi Wei, 2011
© Fong Qi Wei
www.fqwimages.com, Singapore

71 - 72
„Dahlia Exploded 01"
Fong Qi Wei, 2011
© Fong Qi Wei
www.fqwimages.com, Singapore

76
„Bathhouse women diptych"
Kiyonaga Torii, 1780
© Corbis

78
Pflanzen
Franz-Georg Stämmele, 2013
© Projekttriangle Design Studio
www.projekttriangle.com

78 - 79
„Hoshi Onsen, Japan"
Martin Grothmaak, 2012
© Martin Grothmaak
www.photography.projekttriangle.com

82 - 83
„WV 2011 - 005
Horizonte
Mögliche Farben des Horizonts; Position; Himmelsrichtung; 8 Externe Zentren; Rotation (1 Umdrehung / Tag)"
Jorinde Voigt, 2010
© VG Bild-Kunst, Bonn 2013
www.jorindevoigt.com
Aus der Sammlung Dominic und Cordula Sohst-Brennenstuhl

91 - 92
„Up In The Air"
Lissy Elle, 2010
© Lissy Elle
www.lissyelle.com

100 - 103
Patentzeichnung Flugapparat, 1893 (S. 100 - 101)

Porträt Otto Lilienthal, 1896 (S. 101)

Otto Lilienthal mit kleinem Schlagflügelapparat in der Tongrube neben dem Fliegeberg, 16. August 1894 (S. 101)

„Flugapparat: kl. Doppeldecker im Flug"
Otto Lilienthal, 1895 (S. 102 - 103)

© Archiv Otto-Lilienthal-Museum
www.lilienthal-museum.de

105
„Impossible cube"
Bruno Ernst
© Bruno Ernst
Aus „Unmögliche Welten" von Bruno Ernst
Verlag: Evergreen

109 - 111
„Furniture Jockey: Boy surfing"
Tim Macpherson, 2009
© Tim Macpherson / Getty Images
www.timmacpherson.com

116
„Vater und Sohn
Ein hoffnungsloser Fall"
Ehrich Ohser, 1935
Aus: e.o. plauen „Vater und Sohn" in Gesamtausgabe Erich Ohser
© Südverlag GmbH, Konstanz, 2000

122 - 123
Kind an der Hand
© Max Wanger / Corbis

126
„Sweetman's Garden Series: Selected Photographs"
Ken Griffiths, 1973
© Ken Griffiths

130
Schmetterlingspuppe
© Don Farrall / Getty Images

130
Verpuppungsstadien eines Schmetterlings
Franz-Georg Stämmele, 2013
© Projekttriangle Design Studio
www.projekttriangle.com

131 - 132
Schmetterlinge in den Naturhistorischen Sammlungen des Museums Wiesbaden
Foto: Ed Restle, Museum Wiesbaden
www.museum-wiesbaden.de

133
Illustration Origamipapier
© Projekttriangle Design Studio
www.projekttriangle.com

135
Anleitung Origami-Schmetterling
© Projekttriangle Design Studio
www.projekttriangle.com

Seite

138 - 139
„Untitled"
Franz-Georg Stämmele, 2013
© Franz-Georg Stämmele
www.staemmele.de

140 - 141
Ei
picture alliance / © Bruce Coleman / Photoshot

147 - 148
The Pothole Gardener project.
Little gardens of London.
© Steve Wheen, 2009 - 2011
www.stevewheen.com
© Steve Wheen / Photoshot Stephanie Wolff
www.stevewheen.com (S. 148 oben mittig)

148
Bienen
© Paul Hackett / In Pictures / Corbis

Bienenstöcke
© Ken Gillespie / All Canada Photos / Corbis

Imkerin
© David Torrence Photography / LuckyPix / Corbis

149 - 150
Mann mit Gemüse
© Rolf Bruderer / Corbis

Brot backen
© Giona Bridler / Gallerystock / Corbis

Cafébesitzer
© Samantha Mitchell / Corbis

Schneiderin
© Helen King / Corbis

Stoffe
© Corbis

Geigenwerkstatt
© Laurent Giraudou / Corbis

Käse
© Véronique Leplat / Grand Tour / Corbis

Käsestand
© Image Source / Corbis

154
Porträt Heinz Erhardt
© picture alliance / dpa

154 - 155
Gedicht „Der Kabeljau" aus: Heinz Erhardt,
Ein Nasshorn und ein Trockenhorn
Erschienen im Lappan Verlag, 2009
Illustration: Jutta Bauer

157 - 159
„Clouds"
Kyu Hwang, 2012
© Sung-Kyu Hwang
www.kyuhwang.com

164 - 165
„Animaris Percipiere Primus"
Theo Jansen, 2005
© VG Bild-Kunst, Bonn 2013
www.strandbeest.com
Foto: Loek van der Klis

168 - 169
Schneefiguren 1
© Jutta Klee / ableimages / Corbis (oben links)

Schneefiguren 2
© 2010 Janusz Ziob / Getty Images (oben rechts)

Schneefigur 3
© Dan Brownsword / cultura / Corbis (mittig rechts)

Schneefigur 4
© 2010 Christiane Zwerg / Getty Images
(unten links)

Schneefiguren 5
© Ocean / Corbis (unten rechts)

172 - 174
Schnittmuster
© Projekttriangle Design Studio
www.projekttriangle.com

180 - 181
Kopfstoß von Zinédine Zidane
© picture alliance/dpa

184 - 185
„Audrey Hepburn"
George Karger, 1952
© George Karger/Time & Life Pictures/
getty images

190 - 193
Little Sun
www.littlesun.com
Olafur Eliasson und Frederik Ottesen, 2012
© Studio Olafur Eliasson, 2012 (S. 191)
© Edwin Sithole, 2012 (S. 192 oben)
© Merklit Mersha, 2012 (S. 193)
© Michael Tsegaye, 2012 (S. 192 unten)
© Thomas Gislason, 2012 (S. 192 mittig)

196 - 199
„100 Jahre"
Hans-Peter Feldmann, 1999
© VG Bild-Kunst, Bonn 2013
1996 - 2000
Neues Museum in Nürnberg, Leihgabe der
Bundesrepublik Deutschland - Sammlung
Zeitgenössische Kunst
Fotos: Neues Museum (Annette Kradisch)

200 - 201
„Orbit"
Leah Yerpe, 2008
© Leah Yerpe
www.leahyerpe.com

205 - 206
„Ortlose Topologie"
Christoph Maurer, 2013
© Christoph Maurer
www.maurer-christoph.de
und Programmierung Cover-Informationsgrafik

210 - 211
„Map of the Molucca Islands"
Johannes Janssonius, 1636
© Luca Tettoni/Corbis

214 - 215
„Black & White Big ‚Foot' line drawing"
Damien Weighill, 2005
© Damien Weighill
www.damienweighill.com

220 - 221
„Narciso"
Carolina Raquel Antich, 2006
© Carolina Raquel Antich
www.carolinaantich.com

229
„Untitled (head, yellow hand)"
Ryan Mendoza, 2004
© Ryan Mendoza
Foto: Mario Gastinger
Aus der Sammlung T, Schloss Johannisberg

234
Porträt Johann Wolfgang von Goethe
© mauritius images/ib/H.-D. Falkenstein

Porträt Charlotte von Stein
© picture-alliance/akg-images

234 - 235
Briefe von Goethe an Charlotte von Stein, 1783
© Klassik Stiftung Weimar, Goethe- und Schiller-Archiv, GSA 29/490, Bestand Goethe Briefe

238 - 239
„Part of universe"
Daehyun Kim, 2011
© Daehyun Kim
www.moonassi.com

243 - 244
Tangram
© Projekttriangle Design Studio
www.projekttriangle.com

247
Illustration
© Projekttriangle Design Studio
www.projekttriangle.com

Impressum

Herausgeber
dm-drogerie markt GmbH + Co. KG

Konzeption
Jan Teunen, Teunen Konzepte GmbH
Danijela Djokic, Martin Grothmaak und
Theresa Brandau, Projekttriangle Design Studio
Simon Umbreit, weitclick GmbH
Herbert Arthen, Arthen Kommunikation GmbH
Bärbel Ulrich, Natalie Juraic, dm-drogerie markt

Kurator
Jan Teunen, Teunen Konzepte GmbH

Buchgestaltung
Projekttriangle Design Studio
Danijela Djokic, Martin Grothmaak und
Theresa Brandau
Humboldtstraße 4, 70178 Stuttgart
www.projekttriangle.com

Autor – Impulstexte
Christoph Quarch

Autor – Epochen-, Inspirationstexte und Texte zu den Autoren der Zitate
Hajo Eickhoff

Autorinnen – Anstiftungstexte
Cornelia Kurreck
Miriam Leypoldt

Lektorat
Bärbel Otto

Druck
Offsetdruckerei Grammlich, Pliezhausen

Buchbindung
Kunst- und Verlagsbuchbinderei Leipzig

Papier
Munken Print White 115 g/m²
Munken Lynx 300 g/m²

Schriften
dmSupport, dmIntelligence, Romain BP Text, Courier New

Auflage
150.000

dm

Herausgeber
dm-drogerie markt GmbH + Co. KG
Carl-Metz-Str. 1, 76185 Karlsruhe
Telefon 0721 5592-0
Telefax 0721 552213
servicecenter@dm.de
www.dm.de

ISBN 978-3-00-043042-8

Website
www.zeit-wert-geben.de

dm setzt sich ein für Natur- und Umweltschutz:

FSC
www.fsc.org
MIX
Papier aus verantwortungsvollen Quellen
FSC® C011712